Nouveau
Cahier du jour
Cahier du soir

5e

12-13 ans

Français

W0471759

Auteurs
Florence Randanne
Stéphane Devin
Professeurs de Français au collège

MAGNARD

Présentation

Un cahier complet

- **Ce cahier de Français, destiné aux élèves de 5e, est conforme aux derniers programmes.**

Il reprend toutes les notions et couvre tous les domaines :
- Grammaire
- Conjugaison
- Vocabulaire
- Orthographe

- **La rubrique « J'observe et je retiens »** propose toutes les **règles** accompagnées d'**exemples**, avec des **astuces** pour tout comprendre.

- **La rubrique « Je m'entraîne »** propose des **exercices progressifs** pour réinvestir les acquisitions. Ils sont classés par niveau de difficulté (de * à ***).

- À la fin de chaque page, l'enfant est invité à **s'auto-évaluer**.

→ *Les corrigés détachables sont situés au centre du cahier.*

Un mémento visuel

Un mémento avec l'essentiel à retenir en Français 5e : pour une mémorisation visuelle efficace !

→ *À détacher au centre du cahier et à conserver toute l'année.*

POUR LE CAHIER :
Illustration de couverture : Anne Guillard
Conception graphique (couverture) : Yannick Le Bourg et Raphaël Hadid – **Mise en pages :** Typo-Virgule

POUR LE MÉMENTO VISUEL DÉTACHABLE :
Illustrations : Aurélie Verdon – **Mise en pages :** Linéale

Achevé d'imprimer en décembre 2018 par IPS en France
Dépôt légal : Décembre 2018 – N° éditeur : 2018_0302

IMPRIM'VERT Votre imprimeur agit pour l'environnement

PEFC 10-32-2813

Sommaire

GRAMMAIRE ET CONJUGAISON

VOCABULAIRE

ORTHOGRAPHE

ANNEXES

Mémento visuel détachable

Corrigés détachables au centre du cahier

1 Le nom

→ Corrigés p. I

J'observe et je retiens

■ Le nom désigne des êtres, des choses, des idées, des actions ; il est en général précédé d'un déterminant (exemples : *les vacances, ce chien, ma victoire*, etc.).

■ Il est le noyau d'un groupe qu'on appelle le groupe (GN).

■ La classe des noms se divise en sous-classes :

- les noms **propres** (*Paris*) ou **communs** (*un piano*) ;
- les noms **concrets** (*une rivière*) ou **abstraits** (*la justice*) ;
- les noms **animés** (*un comédien*) ou **inanimés** (*ce bureau*) ;
- les noms **masculins** (*un ordinateur*) ou **féminins** (*cette belette*) ;
- les noms **dénombrables** (*ces disques*) ou **non dénombrables** (*du flan*).

On trouve les noms écrits au **singulier** (*ce disque*) ou au **pluriel** (*ces disques*).

Exemple Ce chien aboie souvent. → GN (*chien* : nom noyau ; *ce* : déterminant)

Remarque
La plupart des mots peuvent devenir des noms si on les fait précéder d'un déterminant.
Exemple : pourquoi → le pourquoi ; il voulait connaître le pourquoi de son renvoi (la raison de son renvoi).

Je m'entraîne

1 ★ Sur le modèle proposé, complète les flèches.

Julien n'a plus d'argent sur son compte.

- Julien → Nom propre, concret, animé, masculin, dénombrable.
- d'argent → non commun, concret, inanimés, masculin, dénombrable.
- compte → nom commun, ……………………

2 ★ Complète le tableau d'analyse des noms soulignés selon l'exemple donné.

Une brume monta au-dessus des arbres. Puis soudain, nous vîmes un énorme flot de fumée qui envahit rapidement le ciel ; au même moment, le sol trembla sous nos pieds et une explosion immense secoua l'atmosphère, brisant les vitres des maisons proches et nous plongeant dans la stupéfaction.

H. G. Wells, *La Guerre des mondes*, Gallimard.

Nom	Commun	Concret	Animé	Masculin	Dénombrable
Brume	oui	oui	non	non	non
Arbres	………………	………………	………………	………………	………………
Atmosphère	………………	………………	………………	………………	………………
Maisons	………………	………………	………………	………………	………………
Stupéfaction	………………	………………	………………	………………	………………

3 ★★ Repère les noms et souligne-les.

Pour le carnaval, ma grand-mère m'a proposé un déguisement de vieille dame. Je suis donc allé fouiller dans ses armoires et, après avoir vidé quelques tiroirs, j'ai trouvé le costume qui me plaisait : une robe ancienne et mitée, des sabots en bois, un châle en laine, un foulard gris et des lunettes rondes. Ma grand-mère m'a également prêté un cabas dans lequel elle a mis deux gros poireaux. Une fois prêt, je suis parti en ville mais très vite les sabots, trop étroits, m'ont blessé les pieds. Alors j'ai dû chausser mes baskets et je suis devenu malgré moi une mémé à la mode !

4 ★★ Encadre trois noms qui ne s'emploient qu'au singulier et soulignes-en deux qui ne s'emploient qu'au pluriel.

> **Rappel**
> La plupart des mots ont un singulier et un pluriel, mais certains échappent à cette règle.

Vous aimez la chimie ? Alors rejoignez notre laboratoire. Vous animerez une équipe de laborantins qui travaillent sur le calcium et les dérivés du mercure. Vous aurez également en charge les archives de l'entreprise. Vos appointements s'élèveront, pour commencer, à 1 500 euros.

5 ★★ Utilise les mots suivants comme noms dans des phrases.

1. Ancien ....
....
....
....

2. Révolté ....
....
....
....

3. Savoir ....
....
....
....

6 ★★ Dans la liste des noms suivants, souligne les noms abstraits.

> **Définition**
> Abstrait : qui n'a pas de réalité matérielle, notion conçue par l'esprit.

abricotier – absence – billet – biscuit – vertu – écrevisse – justice – igloo – idée – justicier – mensonge – mémoire – menhir – morosité – grenouille – tristesse – véranda – vérité – crayon – wagon.

7 ★★★ Place devant chaque nom l'article indéfini qui convient (un ou une).

1. .... élastique
2. .... éclair
3. .... ortie
4. .... hémisphère
5. .... autoroute
6. .... tentacule
7. .... trophée
8. .... amygdale

8 ★★★ Trouve les noms qui correspondent aux verbes suivants.

1. Courir : ....
2. Comprendre : ....
3. Voir : ....
4. Percevoir : ....
5. Exprimer : ....
6. Rédiger : ....
7. Marcher : ....
8. Ignorer : ....
9. Aménager : ....
10. Parler : ....

9 ★★★ Donne le pluriel des mots suivants.

> **Conseil**
> La lettre *s* est en général la marque du pluriel mais il existe bien des exceptions ; il faut être vigilant !

1. Un mal : des ....
2. Un prix : des ....
3. Un genou : des ....
4. Un vitrail : des ....
5. Un feu : des ....
6. Un œil : des ....
7. Un fou : des ....
8. Un corail : des ....

Auto évaluation — Très bien ☐ Bien ☐ Pas assez bien ☐

2 Les déterminants du nom : les articles

→ Corrigés p. I

J'observe et je retiens

■ **Les articles** sont des **déterminants** qui introduisent le **nom noyau**. Ils s'accordent en genre (masculin/féminin) et en nombre (singulier/pluriel) avec celui-ci.

■ **L'article indéfini** introduit un nom qui n'est pas précisé → C'est une tortue.
L'article indéfini a plusieurs formes : *un*, *une*, *des* → Des salades ; un tapis.

■ Devant un adjectif qualificatif, l'article indéfini *des* devient *de*.
Exemple Il a de beaux yeux.

■ **L'article défini** introduit un nom déjà connu ou précisé dans la suite de la phrase.
→ La Lune fascine.
L'article défini a plusieurs formes : *le*, *la*, *les*, *l'* (devant une voyelle et un *h* muet)
→ les voisins ; l'hôtesse de l'air ; le chevalier.

■ **L'article partitif** désigne la partie d'un tout, une quantité indéterminée. L'article partitif a plusieurs formes : *du*, *de*, *de l'*, *de la*, *des* → Tu achèteras du pain, de la bière et du fromage.

Remarque
Avec les prépositions *à* et *de*, les articles *le* et *les* se contractent :
– à le → **au** ;
– à les → **aux** ;
– de le → **du** ;
– de les → **des**.
Exemple : Il va **au** (à le) restaurant.

Je m'entraîne

1 ★ Indique entre parenthèses la nature des articles.

1. Le (........................) train à destination de Lyon partira à 17 heures. – 2. Ophélie aime beaucoup aller au (....................) restaurant avec ses parents. – 3. Nous avons mangé des (......................) pommes de terre vapeur ce midi ! – 4. Quand tu rentreras du (.....................) collège, prépare-moi du (.......................) pain et des (....................) crêpes. – 5. Les (....................) candidats doivent se présenter au (....................) bureau.

2 ★★ Associe articles et noms (un article peut être relié à plusieurs noms).

des •	• éléphants	le •	• nez
l' •	• soucis	des •	• élastique
un •	• abri	l' •	• heaume
une •	• branche	une •	• tentacule
la •	• pain	la •	• galaxie
le •	• ciel		

3 ★★★ Remplace les pointillés par les articles manquants.

1. Karim a pris .... café au lait et .... croissants avec .... confiture.
2. Léa a .... longs cheveux et .... grands yeux.
3. Tu devrais penser .... autres plus souvent.
4. Tu prends .... sucre dans ton thé ?
5. .... lapins se nourrissent .... bonnes carottes.
6. Elle boit .... cidre et mange .... rillettes.
7. .... hôtel est complet.

4 ★★★ Même exercice.

1. Voulez-vous encore .... œufs ?
2. ...... patience est ...... qualité essentielle pour apprendre !
3. Est-il ...... heure de partir ?
4. ...... gens sont venus mais je ne les connais pas.
5. Peux-tu me prêter ...... stylo ?

Auto évaluation Très bien ☐ Bien ☐ Pas assez bien ☐

3 Les autres déterminants du nom

→ Corrigés p. I

J'observe et je retiens

■ Les déterminants possessifs, démonstratifs, indéfinis, exclamatifs, interrogatifs introduisent des noms qu'ils précisent de différentes façons.

Exemple – Mon cerf-volant est coincé dans cet arbre…
– Quelle malchance !

À retenir

Déterminants :
- possessifs → mon, ton, son, mes, leur, leurs, etc.
- démonstratifs → ce, cet, cette, ces
- ou démonstratifs composés → ce… -ci, ces… -là
- interrogatifs → quel, quels, quelle, quelles
- exclamatifs → quel, quels, quelle, quelles

Je m'entraîne

1 ★ Souligne deux déterminants possessifs en rouge, trois déterminants démonstratifs en vert et un déterminant exclamatif en bleu.

1. Chaque jour, un avion quitte cet aéroport pour livrer quelques tonnes de médicaments aux quatre coins du monde.

2. Ce chevalier a entraîné son cheval pour remporter le tournoi. Ses adversaires le craignent car il a déjà été vainqueur : « Quel champion ! » disent-ils.

3. Regardez ces fauteuils rouges, je les verrais bien avec ce tapis.

2 ★★ Entoure uniquement les déterminants interrogatifs.

1. Quels livres a-t-il achetés ?

2. Pourriez-vous m'indiquer quel chemin il faut emprunter pour rejoindre cette plage ?

3. Lola a prévenu qu'elle arriverait aujourd'hui ; j'aurais dû lui demander quel train elle prenait.

4. Quelle heure est-il ? Je pense qu'il est temps de partir.

5. Quel pull veux-tu ? Celui qui est en vitrine ?

3 ★★★ Complète les phrases avec les déterminants : mes, ces, cet, ta, leur, leurs.

1. Il a acheté .... ordinateur l'an dernier.

2. Mila a refusé catégoriquement .... aide.

3. .... pommes de terre sont pourries !

4. Prends .... skis, tu iras plus vite.

5. Hugo n'a pas mangé .... purée !

6. Ils ont reçu .... amis la semaine dernière.

4 ★★★ Complète les phrases avec les déterminants suivants : quelle, leurs, ta, quels, quel, ces… -ci, ces… -là, ces… -ci, quelles, quelle.

1. .... bonne idée de partir en Italie !

2. .... temps ...., je ne savais plus .... destination choisir.

3. .... pneus as-tu choisis pour .... voiture ?

4. .... chaussures achèteras-tu ? .... noires .... ou .... grises .... ?

5. À .... heure te lèves-tu ?

6. Ils ont oublié .... affaires !

Auto évaluation Très bien ☐ Bien ☐ Pas assez bien ☐

4 Les pronoms personnels

→ Corrigés p. I

J'observe et je retiens

■ **Les pronoms personnels** peuvent remplacer :
- Un nom ou un GN → Le renard s'enfuit : il craint le bruit.
- Un infinitif → Je ne peux pas monter ! Vous le devez.
- Une proposition → Pierre a quitté sa région ; il le regrette.
- Un adjectif → Es-tu satisfait ? Oui, je le suis.

■ Ils ont des **formes variables** selon la personne (*nous*, *vous*, *ils*, etc.), le genre (*il*, *elle*, etc.), le nombre (*il*, *ils*, etc.), la fonction (*je*, *me*, etc.).

	Formes variables						Formes invariables
	Singulier			Pluriel			
Fonction	**1re pers.**	**2e pers.**	**3e pers.**	**1re pers.**	**2e pers.**	**3e pers.**	***y*** et ***en*** pronoms adverbiaux 3e pers. singulier et pluriel ; – compléments de phrase (compléments circonstanciels de lieu) – compléments d'objet ou de détermination (ils ont alors un rôle de pronoms personnels)
Sujet	je	tu	il/elle	nous	vous	ils/elles	
COD (ou complément du verbe)	me	te	lui	nous	vous	leur	
Forme réfléchie (renvoie au sujet)	me	te	se/soi (forme accentuée)	nous	vous	se/leur (forme accentuée)	
Forme accentuée après une préposition ou si le pronom est apposé	moi	toi	lui/elle	nous	vous	eux/elles	

Je m'entraîne

1 ★ Précise à qui ou à quoi renvoient ces pronoms personnels.

Louis appelle son frère et il lui demande de le rejoindre à Lyon. Son frère lui répond qu'il ne peut pas y aller.

il → ………… lui → ………… le → ………… lui → ………… il → ………… y → …………

2 ★★ Indique la fonction des pronoms personnels soulignés.

1. Elle gagne son pari. → …………
2. À Paris, il y va souvent. → …………
3. Nous t'adressons nos félicitations. → …………
4. J'ai encore rêvé d'elle. → …………
5. J'en veux ! → …………
6. Vous vous installez dans le jardin. → …………
7. Il ne pense qu'à lui. → …………

3 ★★ Recopie les phrases en remplaçant les groupes de mots soulignés par le pronom personnel correspondant.

1. J'ai téléphoné à Alice et Louna.

…………

2. Venez-vous au zoo avec Zoé ?

…………

3. Là-bas, Coralie a donné le pique-nique qui nous était destiné aux éléphants !

…………

4. Noé a distribué les cacahuètes aux singes.

....

5. Asia et moi avons dû commander les sandwichs au charcutier.

....

....

4 ★★★ Recopie les phrases en remplaçant les groupes de mots soulignés par en, y ou une forme variable de pronom personnel.

1. Te souviens-tu de cette farce ? Crois-tu au hasard ?

....

2. Sophie est allée au zoo.

....

3. Elle avait mis le goûter dans son sac.

....

4. Il y avait des biscuits et des clémentines.

....

5. Un ouistiti a sauté sur son épaule.

....

6. Il a senti la nourriture.

....

7. Pendant que Manon caressait le ouistiti, il a glissé une main dans son sac et a volé le goûter.

....

8. Nous avons bien ri de ce tour.

....

5 ★★★ Dans ce dialogue, souligne le, la, les, l' quand ils sont articles définis et entoure-les quand ils sont pronoms personnels.

1. « Pardon, je cherche le restaurant du Chamois bleu. Est-il ouvert ?
2. – Oui, le restaurant est ouvert, vous le trouverez sans problème.
3. – Mais pour le trouver, faut-il prendre le chemin des Combes ?
4. – Pas du tout, vous devez l'éviter et suivre le chemin des Pics.
5. – Vous le connaissez bien ?
6. – Très bien, les patrons sont charmants.
7. – Non, je veux parler du chemin ; vous le connaissez ?
8. – Ah ! le chemin… oui, il est étroit et sinueux mais vous verrez, le paysage est magnifique.

6 ★★★ Relie chaque pronom au pluriel qui lui correspond.

1. la •	• a. vous
2. je •	• b. des
3. me •	• c. leur
4. lui •	• d. les
5. toi •	• e. nous
6. une •	

7 ★★★ Observe la terminaison des verbes ou des participes passés, puis complète les phrases avec les pronoms personnels suivants : elles, tu, il, nous, les, vous, elle, me.

1. Je .... ai vus.
2. J'ai entendu parler d'..........
3. .... sont déjà parties.
4. .... est là.
5. Où êtes-.......... ?
6. Aidez-.......... !
7. Que .... vaut l'honneur de cette visite ?
8. Joues-.......... avec nous ?

Auto évaluation Très bien ☐ Bien ☐ Pas assez bien ☐

5 Les pronoms possessifs, démonstratifs et interrogatifs

→ Corrigés p. I

J'observe et je retiens

- Les pronoms possessifs, démonstratifs et interrogatifs remplacent le plus souvent un GN précédé d'un déterminant possessif, démonstratif ou interrogatif.
- Les pronoms possessifs : *le mien*, *le tien*, *les nôtres*, *les vôtres*, *les leurs*, *la sienne*, etc.
- **Le pronom possessif** varie selon le genre et le nombre de l'objet possédé et selon la personne et le nombre du possesseur.

Exemple Je te prête mon livre ; prête-moi le tien.

- Les pronoms démonstratifs : *ce (c')*, *cela (ça)*, *celui (-ci/-là)*, *celle*, *ceux*, *celles*, etc.
- **Le pronom démonstratif** peut avoir une forme simple (*celui*) ou une forme composée (*celui-ci*).

Exemple J'aime beaucoup ces deux pantalons, mais c'est celui-ci que je prendrai.

- Les pronoms interrogatifs : *qui*, *que (qu')*, *quoi*, *lequel*, *laquelle*, *lesquels*, etc.
- **Le pronom interrogatif** peut avoir une forme simple (*qui*) ou une forme composée (*lequel*).

Exemple Qui a fait ça ? Lequel de vous trois ?

Remarque
-ci/-là opposent deux éléments ; *-ci* s'utilise pour ce qui est proche dans l'espace ou dans le temps, *-là* pour ce qui est éloigné.

Je m'entraîne

1 ★ Remplace le GN par le pronom possessif équivalent.

1. Leurs affaires → ....
2. Mon ordinateur → ....
3. Tes lunettes → ....
4. Sa robe → ....
5. Leur chien → ....
6. Ma rue → ....
7. Votre bateau → ....
8. Le cheval de Zorro → ....
9. Les griffes du chat → ....
10. Les bêtises que j'ai faites → ....
11. Ton vélo → ....
12. Votre maison → ....
13. Ses chaussures → ....

2 ★ Complète les phrases par le pronom démonstratif correspondant.

1. Cette chemise-là est trop petite ; prends plutôt .... – **2.** Es-tu certain que ton frère joue ? .... m'étonnerait, il est malade. – **3.** Quels sont les skis les plus rapides : .... ou .... ? – **4.** J'adore ces deux guitares mais c'est .... que je vais acheter. – **5.** .... qui veulent venir le diront. – **6.** .... qui ont leur passeport peuvent embarquer maintenant. – **7.** De toutes les joueuses, Lina est .... qui a couru le plus vite. – **8.** Fais .... que tu veux ! – **9.** Tu peux acheter des gâteaux mais ne prends pas .... que tu n'es pas sûr de manger !

3 ★★ Repère les pronoms interrogatifs et souligne-les.

1. Je choisis cette école, et toi laquelle choisis-tu ? – 2. Qui peut sonner à cette heure ? – 3. Que pensez-vous de ma cravate ? – 4. Par quoi as-tu été blessé ? – 5. Qu'attend-il pour commencer ? – 6. Laquelle est absente ?

4 ★★ Entoure les pronoms démonstratifs.

1. C'est très aimable à vous ! – 2. Je n'aime pas ce téléphone, je prendrai plutôt celui-là. – 3. Voici ce qu'ils m'ont offert.

Attention
Certaines formes de pronoms interrogatifs (*qui*, *que*, *quoi*, *lequel*, etc.) sont semblables à celles des pronoms relatifs.

5 ★★★ Coche la bonne case.

	Pronom interrogatif	Pronom relatif
1. Lequel d'entre vous a mangé mon sandwich ?	❑	❑
2. C'est ton père qui ne va pas être content.	❑	❑
3. Sur quoi avez-vous posé ma chemise ?	❑	❑
4. Qui t'a permis de prendre ma moto ?	❑	❑
5. Que me racontes-tu là ?	❑	❑
6. C'est le scooter que je dois acheter.	❑	❑
7. Qui m'aime me suive !	❑	❑
8. Achète le blouson que tu désires.	❑	❑

6 ★★★ Dans le dialogue suivant, repère les différents pronoms étudiés dans la leçon et classe-les dans le tableau ci-dessous.

1. « Nous avons perdu notre guide. Où est passé le vôtre ?
2. – Le nôtre fait la sieste dans son hamac, près de la mare aux hippopotames.
3. – Oui, mais qui va nous emmener voir les éléphants ?
4. – Il faut demander au patron de l'hôtel, il lui reste deux guides.
5. – Lequel est le plus sympathique ?
6. – Celui qui cire ses bottes, mais c'est aussi celui qui est le moins expérimenté. Hier, il a confondu un léopard avec un guépard !

Pronoms possessifs	Pronoms démonstratifs	Pronoms interrogatifs
....	....	....
....	....	....

7 ★★★ Complète cette phrase.

Si les vôtres étaient à moi, on dirait ....

Auto évaluation Très bien ❑ Bien ❑ Pas assez bien ❑

6 Les prépositions

→ Corrigés p. II

J'observe et je retiens

Les prépositions sont **invariables** et se placent devant :
- un verbe à l'infinitif → **pour** cacher ;
- un GN → **dans** la grande armoire ;
- un nom ou un pronom → **à** Tom ;
- un participe présent (cela donne le gérondif) → **en** courant ;
- un adverbe → **pour** demain.

Les prépositions créent des liens de dépendance et ne peuvent le plus souvent être supprimées.
On distingue :
- les **prépositions simples** (*à, dans, par, pour, en, vers, avec, de, sans, sous, sur, près*, etc.) ;
- les **locutions prépositionnelles**, groupes de mots « figés » qui fonctionnent comme des prépositions (*grâce à, à côté de, en vue de, au-dessus de*, etc.) ;
- les **articles définis contractés** (*du, des, au, aux*) qui jouent le même rôle que les prépositions.

Exemple Il est parti **du** collège à 11 heures (*du* = *de le*).

Exemple **De** cette colline, on aperçoit le toit **de** ma maison.

préposition qui introduit un complément de phrase (CC de lieu)

préposition qui introduit un complément du nom

Remarque
Une **même** préposition peut introduire **différents** compléments.

Je m'entraîne

1 ★ Complète les phrases avec une préposition ou une locution prépositionnelle.

1. Au cinéma, j'étais placé .... de Stanley.
2. Prends une galette .... ta grand-mère.
3. C'est .... toi qu'on a gagné le match !
4. Il est venu chanter .... ma fenêtre.
5. .... cette fenêtre, on a une vue imprenable .... la tour Eiffel.
6. .... soulevant le tapis, j'ai vu une grosse araignée ; elle s'est glissée .... ta chaussure !

2 ★★ Souligne les prépositions et les locutions prépositionnelles.

1. C'est avec cette tenue que tu comptes aller nager ? – 2. Lundi, on ira rendre visite à Amel. – 3. On t'attend depuis une heure ! – 4. La boîte est au-dessus du réfrigérateur. – 5. Adam part pour Anvers avec ses cousins. – 6. Il y avait, à côté de moi, un garçon très sympathique.

3 ★★★ Complète les phrases avec a ou à.

Ne pas confondre
→ *a* : verbe *avoir* ; on peut le remplacer par « avait ».
→ *à* : préposition.

1. Il .... dit qu'il n'irait pas .... Rio. – 2. L'.........-t-il entendu parler .... quelqu'un ? – 3. .... cette heure-là, il ne trouvera personne .... qui parler. – 4. Loïc .... affirmé .... l'inspecteur qu'il était encore .... Lille .... dix heures.

Auto évaluation Très bien ☐ Bien ☐ Pas assez bien ☐

7 La nature des mots

→ Corrigés p. II

J'observe et je retiens

Mots variables

- Les noms communs (*chat*, *table*).
- Les pronoms **personnels** (*lui*), **possessifs** (*la vôtre*), **démonstratifs** (*ce*), **interrogatifs** (*lesquels*), **indéfinis** (*rien*), **relatifs** (*dont*).
- Les déterminants : – **articles partitifs** (*du*), **définis** (*la*) et **indéfinis** (*un*) ;
  – **déterminants possessifs** (*son*), **démonstratifs** (*ces*), **exclamatifs** (*quelle*), **interrogatifs** (*quelles*), **indéfinis** (*quelques*).
- Les verbes (*dormir*, *viens*).
- Les adjectifs (*beau*).

Mots invariables

- Certains noms propres (*Lyon*, *Pierre*).
- Les adverbes : **circonstanciels** (*ici*, *demain*, *mal*), d'**opinion** (*certainement*), de **quantité** (*trop*), de **négation** et de **restriction** (*ne… pas*, *ne… que*), d'**interrogation** (*pourquoi*), de **liaison** (*en effet*).
- Les prépositions (*par*, *pour*, *près de*, *avant*, *sauf*, *avec*, *selon*).
- Les interjections (*oh !*, *zut !*, *aïe !*).
- Les conjonctions de coordination (*mais*, *ou*, *et*, *donc*, *or*, *ni*, *car*).
- Les conjonctions de subordination de temps (*quand*), de but (*pour que*), de cause (*parce que*), de conséquence (*si bien que*), de condition (*pourvu que*), d'opposition (*bien que*), de comparaison (*comme*).
- Les déterminants numéraux cardinaux (*deux*, *trois*), sauf *vingt* et *cent* qui prennent un *s* dans certains cas.

À retenir
Vingt et *cent* prennent un *s* quand ils ne sont pas suivis par un autre nombre.
Exemples : quatre-vingts, trois-cents.

Je m'entraîne

1 ★ Relève dans ce texte tous les mots invariables et précise leur nature.

Comme Mélusine adorait les poissons rouges, elle demanda au chevalier Lusignan de lui rapporter un bocal en cristal. Le brave chevalier resta bien perplexe devant une telle requête : des dragons, des sorcières, des donjons, des philtres, il savait où en trouver… mais un bocal ? Décidément, la belle était toujours en avance sur son temps et réclamait des choses impossibles !

....

....

....

....

....

2 ★★★ Complète ce texte en utilisant : un adjectif démonstratif, un adjectif qualificatif, un nom commun au pluriel, une conjonction de subordination, un nom commun au singulier, un adverbe de manière, un pronom personnel, un adverbe de temps.

Vous pouvez pénétrer dans ....

forêt à condition de rester très ....

Il y a de nombreux .... pour

attraper les bêtes féroces. ....

vous rencontrez un ...., il suffit

de le regarder ....

s'enfuira ...., sans demander

son reste !

Auto évaluation Très bien ☐ Bien ☐ Pas assez bien ☐

8 Les degrés de signification de l'adjectif

→ Corrigés p. II

J'observe et je retiens

■ L'adjectif qui exprime une qualité peut être employé simplement.

Exemple Il est gentil.

■ On peut employer l'adjectif en précisant le degré de signification qu'il exprime (son intensité).
Précédé d'un adverbe exprimant l'intensité, l'adjectif s'appelle :

- **Comparatif d'infériorité** (*moins*) → Il est **moins** rapide que son frère.
- **Comparatif d'égalité** (*aussi*) → Elle est **aussi** habile que toi.
- **Comparatif de supériorité** (*plus*) → Nous sommes **plus** forts que vous.
- **Superlatif relatif** (*le plus/le moins*) → **Le plus** intéressant de ces livres.
- **Superlatif absolu** (*très/bien/fort/extrêmement*) → Skier, c'est **très** fatigant.

À retenir
Trois comparatifs de supériorité irréguliers :
bon → meilleur ;
petit → moindre ;
mauvais → pire.

Je m'entraîne

1 ★ Sur le modèle proposé, complète les flèches.

....

....

Romane est **extrêmement** intrépide ; elle est **plus** téméraire que son frère et tente de traverser la Manche en planche à voile. Si elle réussit, elle sera **la plus** jeune des **véliplanchistes** de France à inscrire son exploit dans les annales de la voile.

Superlatif relatif formé avec l'adverbe « plus », précédé d'un article défini ; le terme de comparaison est « véliplanchistes ».

À retenir
Le superlatif relatif est souvent suivi d'un complément.

2 ★★ Souligne les adjectifs au comparatif en précisant s'il s'agit d'un comparatif d'égalité, d'infériorité ou de supériorité.

1. Le lion est plus fort que le zèbre. ....
2. Ton vélo est aussi perfectionné que le mien. ....
....
3. Sa place est meilleure que la tienne. ....
4. Ma tarte est moins bonne que tes crêpes. ....
....
5. C'est encore pire que ce que j'imaginais ! ....
....

3 ★★★ Mets l'adjectif souligné au comparatif d'égalité, de supériorité ou d'infériorité.

1. Le plomb est .... lourd que l'aluminium. – 2. Le mois de mars est .... humide que juillet. – 3. Un imperméable est .... chaud qu'un manteau. – 4. La marée du Mont-Saint-Michel est .... rapide que le galop d'un cheval.

4 ★★★ Repères-tu des superlatifs relatifs ou absolus ?

1. Dans la jungle, règne la loi du plus fort. ....
2. Cet exercice est extrêmement difficile. ....
3. Voilà le plus beau. ....

Auto évaluation Très bien ☐ Bien ☐ Pas assez bien ☐

9 L'adjectif qualificatif : les fonctions épithète et attribut du sujet

→ Corrigés p. II

J'observe et je retiens

■ **L'adjectif qualificatif** est en relation avec le nom ou le pronom ; il **s'accorde** avec lui **en genre et en nombre** : il exprime une caractéristique ou une qualité de l'objet ou de l'être désigné par ce nom ou ce pronom.

■ Si l'adjectif est dans le GN, il est **épithète** du nom.

Exemples Regarde cette voiture spacieuse !
Spacieuse, cette voiture me convient parfaitement.

■ Si l'adjectif qualificatif est dans le GV avec un verbe d'état, il est **attribut du sujet**. Il ne peut être supprimé.

Exemple Elle est belle, non ? → *belle* : attribut du sujet *elle*.

Je m'entraîne

1 ★ Fais l'analyse des adjectifs soulignés dans le tableau proposé.

Noah a horreur des araignées ; il dit qu'elles sont repoussantes. Dès qu'il en voit une, il a une peur bleue. Il demeure alors immobile.

Adjectif	Genre et nombre	Nom ou pronom qualifié	Fonction
Repoussantes	....	....	....
Bleue	....	....	....
Immobile	....	....	....

2 ★★ Souligne l'adjectif qualificatif et indique s'il est épithète ou attribut du sujet.

1. Le chasseur a aperçu un superbe chevreuil. → ....
....
2. L'ouvrier est content car il a reçu sa prime de fin d'année. → ....
3. L'institutrice devient sévère quand on bavarde.
→ ....

3 ★★★ Complète le texte avec les adjectifs suivants : médusés, drôle, intrépides, excellente, énorme, morte, étrange, double, audacieux.

J'ai passé une .... journée à la plage avec mes cousins ! Mehdi et Valentin sont .... et ils adorent se lancer des défis ! Aujourd'hui, Valentin a été le plus .... car il a réussi à attraper une .... méduse ; toutefois Mehdi a dit qu'elle était .... lorsque son frère l'a prise. Cette .... bestiole a fait peur aux baigneurs ! Pour fêter sa victoire, Valentin nous a offert une .... glace à la vanille. Lorsque mes parents m'ont entendu raconter cette .... d'histoire, ils ont été .... !

Auto évaluation Très bien ☐ Bien ☐ Pas assez bien ☐

10 Le complément du nom

→ Corrigés p. II

J'observe et je retiens

■ **Le complément du nom** est une expansion du nom, comme l'adjectif épithète. C'est un **élément du groupe nominal**. Ce peut être un nom (ou un groupe nominal), un pronom, un infinitif ou un adverbe placé après le nom qu'il complète.

■ Il est **introduit par une préposition** (*de*, *à*, *pour*, *sur*, *en*, *avec*, *sans*, etc.). Il peut être supprimé mais pas déplacé.

Exemples

1. J'aime les fraises <u>des bois</u>. → nom.
2. Je préfère la couleur <u>de celle-ci</u>. → pronom.
3. Je n'ai jamais le temps <u>de lire</u> ! → verbe à l'infinitif.
4. Il est sorti par la porte <u>de derrière</u>. → adverbe.

Attention
Les compléments du nom ne doivent pas être confondus avec d'autres compléments de phrase, introduits aussi par une préposition mais dépendants du verbe. **Exemples :** J'aime les fraises **des bois**. → complément du nom ; Je reviens **des bois**. → complément circonstanciel de lieu.

Je m'entraîne

1 ★ Souligne les compléments du nom et indique leur nature : nom, pronom, verbe à l'infinitif, adverbe.

1. Une rage de dents, c'est terrible. → ....
2. J'ai oublié le sac de plage ! → ....
3. Connais-tu le programme de demain ? → ....
4. Il est l'heure de partir. → ....
5. Mes cousins nous ont prêté leurs bicyclettes ; j'apprécie beaucoup la gentillesse de ceux-ci. → ....
6. Tu auras bientôt l'occasion de comprendre. → ....
7. C'est à l'hôtel de la gare que je me suis installé. → ....
8. Voudrais-tu m'acheter un filet de pommes de terre à la boutique de Mathilde ? → ....
9. Ma petite sœur voudrait une pêche Melba sans crème. → ....
10. Ce n'est pas la peine de réclamer ! Le professeur nous a déjà donné dix exercices de grammaire. → ....

Remarque
Il existe quelques cas de compléments du nom sans préposition : une assurance maladie, un café crème, etc.

2 ★ Relie chaque nom à son complément du nom.

1. un billet •	• a. de jardin	7. une pizza •	• g. aux amandes
2. un vin •	• b. de salle de bains	8. un gâteau •	• h. aux anchois
3. un œil •	• c. de chien	9. l'homme •	• i. au chapeau
4. un nain •	• d. de train	10. une histoire •	• j. à deux places
5. un temps •	• e. de verre	11. une machine •	• k. à faire peur
6. un meuble •	• f. de Bordeaux	12. une voiture •	• l. à café

3 ★★ Transforme les adjectifs épithètes en compléments du nom.

Exemple *Un arbre centenaire → un arbre de cent ans.*

1. Une fleur tropicale → une fleur ....

....

2. Une température estivale → une température ....

....

3. Un temps hivernal → un temps ....

....

4. Une musique grecque → une musique..................

....

5. Un acteur talentueux → un acteur ....

....

6. Un élevage canin → un élevage ....

....

4 ★★ Relève les compléments du nom.

Ernest Labaffe est un homme d'honneur ; quand je lui ai parlé de cette histoire, il a refusé de répondre.
Il ne voulait pas trahir le secret d'Églantine, qu'on surnomme aussi « Églantine aux grands pieds ». Pourtant je sais bien que sa statue en marbre n'est qu'une copie et sûrement pas une authentique antiquité de Grèce !

....

....

....

....

5 ★★★ Indique, pour chaque groupe de mots souligné, s'il s'agit d'un complément du nom, d'un complément de place ou du verbe.

1. J'écoute la fin de l'histoire. → ....

....

2. Je me souviens de cette chanson. → ....

....

3. Quand rentres-tu de New York ? → ....

....

4. J'ai avalé le noyau de mon abricot. → ....

....

5. C'est pour toi l'occasion de partir. → ....

....

6. J'ai photographié les pommiers en fleur. → ....

....

7. J'ai acheté un portefeuille en cuir d'autruche. → .....

....

8. Je ne me nourris que de salade. → ....

....

6 ★★★ Accorde, si nécessaire, les compléments du nom entre parenthèses.

1. Une douzaine (d'huître)/une perle (d'huître).

→ ....

....

2. Un équipage (de matelot)/une tenue (de matelot).

→ ....

....

3. Un panier (de poisson)/de la soupe (de poisson).

→ ....

....

4. Une forêt (de chêne)/un meuble (en chêne).

→ ....

....

5. Un tas (de pierre)/un banc (de pierre).

→ ....

....

6. Une histoire (de fou)/un asile (de fou).

→ ....

....

7. Une collection (de pierre)/une statue (de pierre).

→ ....

....

Auto évaluation Très bien ☐ Bien ☐ Pas assez bien ☐

11 Le complément de l'adjectif

→ Corrigés p. II

J'observe et je retiens

- L'adjectif peut se construire avec un complément introduit par une préposition.

Exemple Ce tigre n'est pas facile à dresser et le dompteur n'est pas sûr de lui.

- La fonction complément de l'adjectif peut être remplie par :
  - Un nom ou un GN → Je devrais être satisfait de mes résultats.
  - Un pronom → Son grand-père est content de lui.
  - Un verbe ou un groupe verbal à l'infinitif → Ce virage est difficile à prendre.
  - Une proposition subordonnée conjonctive → Elle est certaine que tu seras là.

Je m'entraîne

1 ★ Dans les phrases suivantes, on a souligné le complément de l'adjectif : relie-le à l'adjectif qu'il précise par une flèche.

1. Le comité s'est montré désireux d'acquérir votre manuscrit.

2. Je suis certain que tu mens.

3. Je suis fier de toi.

2 ★★ Souligne les compléments de l'adjectif et indique leur nature entre parenthèses.

1. Nous avons appris à monter un film ; c'est passionnant à réaliser (....................). – 2. Mon père a toujours été un comédien facile à diriger (....................). – 3. Ton projet est semblable au mien (....................). – 4. Je suis heureuse que vous soyez là (....................).

3 ★★★ Termine les phrases à l'aide des compléments de l'adjectif qui te sont proposés : son téléviseur, une coquille de noix, le médecin s'est trompé, voler, les personnes âgées, joie.

1. Dans l'immensité de l'océan, le voilier était semblable à ....

2. Il se croit capable de ....

3. Sois aimable envers ....

4. Ton père est sûr que ....

5. Est-elle satisfaite de .... ?

6. Je suis folle de ....

4 ★★★ Indique si les compléments soulignés sont compléments de l'adjectif ou compléments du nom.

1. Nous sommes tristes de vous voir partir.

→ ....

2. Cet homme est réputé pour sa gentillesse.

→ ....

3. L'air de la mer est plus vivifiant.

→ ....

4. La Cadillac rose de mon voisin est connue de toute la ville.

→ ....

5. Grand-mère a toujours eu la folie des grandeurs !

→ ....

6. Tes désirs sont faciles à satisfaire.

→ ....

7. Il me faut absolument une nouvelle machine à laver ! → ....

Auto évaluation — Très bien ☐ Bien ☐ Pas assez bien ☐

12 Le complément d'agent

→ Corrigés p. II

J'observe et je retiens

■ On peut tourner à la voix passive les phrases qui ont un COD (complément du verbe), en faisant quelques modifications :
- le COD devient le sujet ;
- le sujet devient le complément d'agent.

■ Le complément d'agent :
- est introduit par une préposition (*par* ou *de*) ;
- peut être un **nom**, un **GN** ou un **pronom**.

Exemple **L'artiste** sculpte une statue (COD). → Une statue (sujet) est sculptée **par l'artiste**.

Remarque
C'est le complément d'agent qui fait l'action et c'est le sujet qui subit l'action.

Je m'entraîne

1 ★ À partir du modèle qui t'est proposé, mets la phrase à la voix passive et analyse la transformation.

Phrase à la voix active :	De larges grilles (sujet)	entourent	le zoo. (COD de « entourent »)
Phrase à la voix passive :	Le zoo (sujet)	est entouré	par de larges grilles. (complément d'agent introduit par « par »)
Phrase à la voix active :	Les archéologues	découvrent	des ruines romaines. ....
Phrase à la voix passive :	....		....

2 ★ Mets les phrases suivantes à la voix passive et souligne le complément d'agent quand il y en a un.

1. Ulysse accomplit un long périple. → ....
2. Les enfants ont apprécié le spectacle de clowns. → ....
3. La pluie avait complètement trempé ses vêtements. → ....

3 ★★ Dis si la transformation passive est possible.

	Oui	Non
1. Tous se souvenaient de lui.	❑	❑
2. Ils roulaient par tous les temps.	❑	❑
3. Elle lui a dédicacé son livre.	❑	❑
4. Le lion guettait les zèbres.	❑	❑
5. J'arrive !	❑	❑
6. Tu nous fatigues.	❑	❑

4 ★★★ Transpose les phrases à la voix active et souligne le sujet ainsi obtenu.

1. Les décors ont été installés par nos techniciens.
→ ....
2. Le metteur en scène était respecté de tous les comédiens. → ....
3. La lumière m'éblouit. → ....
....

Auto évaluation Très bien ❑ Bien ❑ Pas assez bien ❑

13 Les compléments circonstanciels de cause et de conséquence

→ Corrigés p. III

J'observe et je retiens

■ Certains compléments circonstanciels (compléments de phrase) peuvent exprimer :
- la cause qui répond à la question « pourquoi ? à cause de quoi ? » et indique l'origine d'un fait (exemple 1) ;
- la conséquence qui répond à la question « au point de provoquer quoi ? » et montre le résultat d'un fait (exemple 2).

Exemples 1. À cause de ton retard, nous avons raté le train.
2. L'équipe de France a remporté la médaille d'or, pour notre plus grande joie.

Rappel
Un complément circonstanciel indique les circonstances de l'action ou de l'état exprimé par le verbe. Il peut être supprimé ou déplacé.

Je m'entraîne

1 ★ Parmi les prépositions suivantes, souligne celles qui peuvent introduire la conséquence.

1. pour – 2. en raison de – 3. malgré – 4. à – 5. jusqu'à.

2 ★★ Souligne les compléments circonstanciels de conséquence.

1. Pauline a travaillé tout l'été, jusqu'à pouvoir s'offrir un nouvel ordinateur. – 2. Le chevalier a combattu vaillamment, au point d'épuiser son cheval. – 3. Jean prépare une tarte aux pommes pour notre plus grand régal ! – 4. J'ai rencontré Romina par hasard. – 5. Adam s'est réveillé très tard ce matin, au point de rater le bus ! 6. Ma valise était trop lourde, au point de devoir payer une taxe supplémentaire à l'aéroport. – 7. Ma valise était trop lourde en raison de tous mes achats ! – 8. La comédienne a répété son texte jusqu'à le savoir parfaitement.

3 ★★ Souligne les compléments circonstanciels de cause.

1. En raison de la grève, il n'y a pas de train pour Paris aujourd'hui. – 2. À cause de ton hésitation, nous avons raté cette occasion. – 3. Afin d'arriver à temps pour l'examen, nous avons préféré prendre la voiture. – 4. Étant donné son manque d'entraînement, il ne pouvait qu'échouer.

4 ★★★ Indique pour chaque phrase s'il s'agit d'un complément circonstanciel de cause ou de conséquence.

1. En raison de sa maladie, il n'a pas pu participer à la rencontre de tennis. → ....

2. Les prix de ce restaurant ont été augmentés, pour notre plus grand malheur ! → ....

3. Au col du Lautaret, mon oncle a pédalé jusqu'à l'épuisement. → ....

4. À cause de ton obstination, nous nous sommes fâchés. → ....

5. Vu sa ténacité, il a été accepté en équipe nationale de handball. → ....

Auto évaluation Très bien ☐ Bien ☐ Pas assez bien ☐

14 Le complément circonstanciel de comparaison

→ Corrigés p. III

J'observe et je retiens

■ Dans la phrase simple, la comparaison peut être exprimée au moyen d'un complément circonstanciel de comparaison.

■ **Le complément circonstanciel de comparaison** permet de rapprocher un fait ou un être d'un autre pour indiquer la ressemblance ou la différence.

Exemple Jules parle comme son père.

■ Le groupe prépositionnel peut être introduit par les prépositions : ***à la façon de***, ***à la manière de***, ***à l'image de***, ***en comparaison de***, ***par rapport à***, ***pareillement à***, ***contrairement à***, ***à l'opposé de***, etc.

Je m'entraîne

1 ★ Souligne les compléments circonstanciels de comparaison.

1. En comparaison de son frère, Nicolas n'a pas pris de poids ces derniers temps. – **2.** Cette jeune femme parle à la manière de Pathelin. – **3.** Il n'a pas dit la vérité à son avocat contrairement à Thibaud. – **4.** Cette pièce de théâtre contemporaine a pourtant été écrite à la façon des farces du Moyen Âge. – **5.** L'équipe de France sera-t-elle championne cette année, à l'image de celle de 1998 ? – **6.** Ce jeune berger était muet, pareillement à ses moutons. – **7.** Auprès de ce bolide, ma voiture est un escargot !

2 ★★ Souligne les compléments circonstanciels et précise leur fonction.

1. Les enquêteurs ont retrouvé les papiers de la victime auprès d'un étang. – **2.** En comparaison de ces chaussures, ces bottes sont à un prix intéressant ! – **3.** Tu devras emprunter le sentier à l'opposé du bois. – **4.** À côté de Bao, Gabriel est un débutant ! – **5.** Ils ont fini par bâtir la mairie à côté du stade. – **6.** Auprès de son cousin, il est grand ! – **7.** À l'opposé de Pierre, Djamel travaille tout le temps !

3 ★★★ Complète les phrases suivantes avec un complément circonstanciel de comparaison de ton choix.

1. François n'a pas installé son matériel de pêche ....

....

2. Ma grand-mère a tapé dans la balle ....

....

3. Perceval est courageux ....

....

4. Emma fait du vélo ....

....

4 ★★★ Reconstitue les phrases avec le bon complément.

1. Tu es malin •	• **a.** comme un artiste.
2. Il peint •	• **b.** comme un singe !
3. Il est bavard •	• **c.** comme un chef.
4. Elle est muette •	• **d.** comme une image.
5. Je cuisine •	• **e.** comme une pie.
6. Il est sage •	• **f.** comme une carpe.

Auto évaluation Très bien ☐ Bien ☐ Pas assez bien ☐

15 Les propositions indépendantes, principales et subordonnées

→ Corrigés p. III

J'observe et je retiens

Dans une phrase, on trouve autant de propositions qu'il y a de **verbes conjugués**.
Il existe trois sortes de propositions : les **indépendantes**, les **principales**, les **subordonnées** (ces deux dernières n'existent pas l'une sans l'autre).

Propositions indépendantes

- un seul verbe conjugué
  - Exemple : Tu pars pour l'Afrique.
- plusieurs verbes conjugués
  - juxtaposées (séparées par une ponctuation)
    - Exemple : Elle ne viendra pas : elle se repose.
  - coordonnées (reliées par une conjonction de coordination)
    - Exemple : Elle ne viendra pas car elle se repose.

Propositions subordonnées

- avec un mot subordonnant
  - relatives (introduites par un pronom relatif)
    - Exemple : C'est Marcello qui a été désigné.
  - interrogatives indirectes (introduites par *si* ou divers mots interrogatifs)
    - Exemple : Elle se demande qui pourra l'aider.
  - conjonctives
    - complétives (introduites par *que*)
      - Exemple : Il déclare que son devoir a disparu.
    - circonstancielles (introduites par des conjonctions de subordination ou des locutions conjonctives)
      - Exemple : Aïcha mangeait pendant que sa sœur travaillait.

Je m'entraîne

1 ★ Transforme les propositions indépendantes juxtaposées en propositions indépendantes coordonnées.

1. La sorcière ne sortira pas ; son balai est cassé.

→ ....

2. Notre canoë commence à couler ; je mets vite mon gilet de sauvetage !

→ ....

3. Son parachute ne s'est pas ouvert, il est sorti indemne !

→ ....

4. Donne-moi la moitié des chocolats, je le dis à maman !

→ ....

5. J'ai acheté un poisson rouge, c'est un animal silencieux !

→ ....

2 ★ Dans les phrases suivantes, entoure le mot subordonnant et souligne la proposition subordonnée.

1. Ce téléphone, qui n'arrête pas de sonner, va me rendre fou !
2. Lorsqu'il pleut, nous sortons ramasser de gros escargots.
3. Grégoire a déclaré à tout le monde qu'il partait pour toujours.
4. Le médecin demande si votre sœur est guérie.

3 ★★ Donne la nature des propositions soulignées : proposition indépendante coordonnée, subordonnée relative, subordonnée conjonctive complétive ou subordonnée conjonctive circonstancielle.

1. Mahdi est parti sans argent mais il se débrouillera très bien. ....
2. Je souhaite de tout cœur que tu parviennes à dresser ce lama ! ....
3. La confiture que tu dégustes contient de la bave de limace. ....
4. La princesse met une perruque pendant que le prince range ses pantoufles.
....
5. Quand il chante, tout le monde s'en va !
....

4 ★★ Dans chacune des phrases complexes suivantes, supprime la proposition subordonnée relative et la proposition subordonnée conjonctive circonstancielle. Écris la phrase simple ainsi obtenue.

1. Ma grand-mère, qui est très jeune d'esprit, fait du VTT depuis que mon cousin lui a fait essayer le sien.
....
2. Alors que tu passes tes journées à dormir, tu fais des reproches à Léo qui est bien moins paresseux que toi !
....
3. Quand il m'a montré sa photo, je me suis souvenu de cette fille que nous avions rencontrée en Écosse.
....
4. Comme je pars aux sports d'hiver, j'irais bien dans cette station dont tu m'as parlé.
....
5. S'il fait beau, nous irons sur cette plage où il n'y a jamais personne.
....

5 ★★★ Voici, à chaque fois, deux propositions indépendantes : transforme-les, selon l'exemple proposé, afin d'obtenir une proposition principale et une proposition subordonnée.

Exemple *Il commence à hurler : on lui prend sa glace.*
→ *Il commence à hurler dès qu'on lui prend sa glace.*

1. Linh met ses skis ; ses skis sont trop longs. → ....
....
2. L'agent immobilier déclare : « Cet appartement a été habité par une star de cinéma. » → ....
....
3. Mon chien ne semble pas en forme : j'emmènerai mon chien chez le vétérinaire. → ....
....
4. Ma voiture était en panne : je suis allé chez le garagiste. → ....
....
5. Je ne resterai pas sur la plage. Il fait trop chaud.
→ ....
6. Nino a fait beaucoup d'exercices de français. Ses notes se sont améliorées. → ....
....

6 ★★★ Relie chaque proposition principale à la subordonnée qui convient.

1. Tu vends ta voiture •	• a. puisque tu as travaillé.
2. Ne prends pas le vélo •	• b. parce que tu es ruiné.
3. Tu devrais réussir •	• c. qui grince.
4. Appelez-moi •	• d. qui est préoccupant.
5. Écoutez cette histoire •	• e. quand vous serez arrivez.
6. C'est un sujet •	• f. qui m'a fait très peur.

Auto évaluation Très bien ☐ Bien ☐ Pas assez bien ☐

16 Les conjonctions de coordination

→ Corrigés p. III

J'observe et je retiens

■ La **conjonction de coordination** (*mais*, *ou*, *et*, *donc*, *or*, *ni*, *car*) est invariable et supprimable ; elle relie deux éléments équivalents (qui ont la même nature ou la même fonction) :

- Des mots uniques → Le corbeau honteux et confus.
- Des groupes de mots → Le corbeau et le renard.
- Des propositions, dites coordonnées → Nous râlons car le travail n'est pas fait.
- Des phrases entières → Il est parti ! Et il n'est pas prêt de revenir.

Exemples J'ai appris « Le Corbeau et le Renard » mais je n'ai pas encore appris « Le Lion et le Rat ».

Ne pas confondre
→ *et*, conjonction de coordination que l'on peut remplacer par *et puis* ;
→ *est*, verbe *être* à l'indicatif présent, 3e personne du singulier.

Je m'entraîne

1 ★ Complète ces phrases en employant les mots suivants : mais, ou, et, donc, or, ni, car.

J'aurais bien fait mes devoirs .... j'avais oublié mon stylo ! En fait, je n'avais ni le courage .... l'envie de les faire. Mon problème, c'est qu'entre travailler .... m'amuser, je préfère la deuxième option. Aussi, je suis allé me promener en ville .... un voisin m'a vu .... l'a raconté à mes parents. J'ai .... été puni. Cela m'a beaucoup ennuyé .... j'ai dû faire deux fois plus d'exercices.

2 ★ Mets les verbes des phrases suivantes à l'indicatif imparfait.

1. Le voyage est long et fatigant. ....
....
....

2. Le temps est chaud et sec. ....
....
....

3 ★★ Complète les phrases par et ou est.

1. Je crois que la glace .... dans le congélateur. – 2. Il .... temps que toi .... ton frère, vous compreniez. – 3. Pourquoi m'as-tu caché le fait qu'il .... borgne ? – 4. Un lombric .... une araignée s'aimaient d'amour tendre. – 5. Il .... l'heure de partir .... de retrouver notre chalet. – 6. La pendule .... ouverte .... un coucou .... apparu.

4 ★★★ Complète les phrases par une conjonction de coordination.

1. Je t'accompagnerais volontiers .... j'ai encore du travail. – 2. Tu prendras des frites .... de la purée ? – 3. Le suspect se trouvait à Paris samedi .... le meurtre a été commis le même jour à Brest ; .... il est impossible qu'il soit coupable. – 4. J'aimerais qu'on ne me parle .... des vacances .... de ton voyage. – 5. Alia ne participera pas au match .... elle est malade.

Auto évaluation Très bien ☐ Bien ☐ Pas assez bien ☐

17 Les conjonctions de subordination

→ Corrigés p. III

J'observe et je retiens

■ Les **conjonctions de subordination** sont des mots de liaison **invariables** qui introduisent une **proposition subordonnée** reliant ainsi une proposition subordonnée à une proposition principale.

Exemples Téléphone-nous lorsque tu seras arrivée.

■ Voici les principales conjonctions que tu dois connaître :

Propositions	Conjonctions de subordination ou locutions conjonctives	Exemples
Conjonctives circonstancielles de temps	quand – lorsque – depuis que – pendant que – après que – comme – avant que – dès que	Nous sommes sortis **dès que** la pluie a cessé.
Conjonctives circonstancielles de cause	parce que – puisque – comme	**Comme** tu es impoli, tu resteras là.
Conjonctives complétives (complément d'objet)	que – à ce que	Il demande **que** tu arrêtes.
Interrogatives indirectes	si	Elle demande **si** l'on a entendu l'explosion.

Je m'entraîne

1 ★ Souligne la conjonction de subordination.

1. L'immeuble venait de s'effondrer quand les pompiers arrivèrent.
2. Puisque ton lit est cassé, tu dormiras sur un matelas pneumatique.
3. Mes copains ont demandé si tu voulais faire partie de notre bande.
4. J'ai cru longtemps que le père Noël passait par la cheminée.
5. Si tu vas à la piscine, je t'accompagnerai volontiers.
6. Dès que le professeur regarde ailleurs, Jade bavarde avec sa voisine !
7. Depuis qu'il est parti, nous n'avons pas de nouvelles !
8. Dites-moi si vous êtes d'accord.

2 ★★ Relie entre elles les propositions en utilisant les conjonctions ou les locutions conjonctives suivantes : pendant que, que, parce qu', si, quand, afin que, dès que.

1. Je n'ai pas pu dormir .... il y avait trop de bruit. – **2.** Ma mère a demandé .... tu étais d'accord pour venir à Londres. – **3.** Mon frère et moi nous pensons .... cet ordinateur est le plus performant. – **4.** Le train est entré en gare .... tu cherchais des journaux. – **5.** .... tu te teindras les cheveux en bleu, préviens-moi ! – **6.** .... nous soyons rassurés, téléphonez-nous dès votre arrivée. – **7.** .... la marée sera basse, nous irons ramasser des coques.

Auto évaluation Très bien ☐ Bien ☐ Pas assez bien ☐

18 La proposition subordonnée conjonctive introduite par *que*

→ Corrigés p. III

J'observe et je retiens

■ La proposition introduite par *que* suit des verbes de :
- déclaration
- opinion

} Elle est à l'indicatif → Je pense que tu dois t'arrêter.

- volonté
- sentiment

} Elle est au subjonctif → Il désire que nous partions.

■ Elle est le plus souvent **COD** du verbe de la proposition principale.
Elle peut aussi être **sujet** du verbe de la proposition principale.

Exemple Qu'il soit en prison ne m'étonne pas.
- **Sujet logique** → Il serait scandaleux que tu sois renvoyé.
- **Attribut du sujet** → L'idéal serait qu'il parle.

Attention
Ne pas confondre avec la proposition subordonnée relative qui dépend de l'antécédent.
(*Voir fiche 20, page 28.*)

Je m'entraîne

1 ★ Coche la bonne case pour la nature de que.

	Pronom relatif	Conjonction de subordination
1. Amin jura qu'il partait.	❑	❑
2. Le pull que j'ai acheté est en laine.	❑	❑
3. Je désire que ce poisson soit grillé.	❑	❑
4. Rendez-moi les photos que j'ai achetées.	❑	❑
5. J'aimerais que tu te taises !	❑	❑

2 ★★ Mets les verbes au mode et au temps qui conviennent.

1. Elle préfère que tu (descendre) .... – 2. On déclare que le Premier ministre (être) .... parmi nous demain. – 3. Les douaniers prétendent que nous (transporter) .... de l'alcool ! – 4. Je crains que le blessé ne (recevoir) .... des soins trop tard. – 5. Je voudrais que tu te (tenir) .... convenablement.

3 ★★★ Transforme les phrases selon l'exemple proposé.

Exemple *Le policier déclare : « Vous êtes condamnés. »*
→ *Le policier déclare que vous êtes condamnés.*

1. Les journalistes affirment : « Les réfugiés sont menacés. »
→ ....

2. Ma mère me murmure : « Ce comédien ne sait pas son texte. »
→ ....

3. Le facteur crie : « C'est le courrier ! »
→ ....

4. Le médecin dit : « Vous devez faire du sport et vous ne devez plus fumer. »
→ ....

5. Le capitaine du voilier hurle : « Un homme est tombé à la mer ! »
→ ....

Auto évaluation Très bien ❑ Bien ❑ Pas assez bien ❑

19 Les pronoms relatifs

→ Corrigés p. III

J'observe et je retiens

■ Les pronoms relatifs reprennent des noms ou des pronoms ; ils ont une forme **simple** (*qui, que, quoi, dont, où*) ou une forme **composée** (*lequel, lesquels, laquelle, lesquelles, duquel, desquels, de laquelle, desquelles, auquel, auxquels, à laquelle, auxquelles*).

■ Le nom ou le pronom repris s'appelle l'**antécédent**.

Exemples 1. Voici l'ordinateur **que** j'ai commandé.
(l'ordinateur : antécédent)

2. Je me suis adressée au vendeur **auquel** tu avais demandé des conseils.
(au vendeur : antécédent)

■ **Les pronoms relatifs** introduisent des propositions subordonnées relatives et ont, pour la plupart, les fonctions du nom.

Exemple Choisis le modèle que tu veux !
(que : COD du verbe *vouloir*)

Je m'entraîne

1 ★ Souligne les pronoms relatifs et relie-les à leur antécédent au moyen d'une flèche.

1. La vieille dame, qui avait le nez crochu, prit un bocal dans lequel il y avait un crapaud.
2. Le soir où nous l'avions rencontré, il parlait déjà de la fortune dont il rêvait.
3. Le film que vous avez vu est une fiction qui n'a rien à voir avec la réalité.

2 ★★ Souligne les pronoms relatifs et écris, sur une feuille à part, leur fonction dans la proposition subordonnée relative selon l'exemple proposé.

Exemple *Je préfère les abricots qui sont bien mûrs.*
(qui : sujet du verbe *sont*)

1. J'ai oublié le nom de ce village où nous passions jadis nos vacances. – 2. Peux-tu me rendre le disque que je t'ai prêté ? – 3. C'est la seule chose dont je me souvienne ! – 4. J'aimerais bien un vélo qui pédale tout seul dans les côtes ! – 5. Le marin contemplait l'île qui s'éloignait peu à peu.

3 ★★★ Complète les phrases en utilisant un pronom relatif simple.

1. L'île .... nous avons passé nos vacances est un paradis ! – 2. Toutes les maisons .... ont un grand jardin donnent sur la mer. – 3. L'eau, ... est d'un bleu si intense qu'on la croirait colorée artificiellement, reste chaude toute l'année. – 4. C'est ce .... nous avons apprécié. – 5. Dans la villa .... nous étions locataires, il y avait un barbecue .... nous avons beaucoup utilisé pour faire griller les poissons .... nous pêchions le matin. – 6. L'après-midi, nous allions sur cette plage .... est constituée de sable noir.

Auto évaluation Très bien ☐ Bien ☐ Pas assez bien ☐

20 La proposition subordonnée relative

→ Corrigés p. IV

J'observe et je retiens

■ La proposition subordonnée relative est une **expansion du nom**.
Elle dépend d'une proposition principale et ne peut être employée seule.

■ La proposition subordonnée relative **complète l'antécédent du pronom relatif**.

Exemple Nous avons vu à la télé l'homme [qui prétend avoir parlé à des extraterrestres].
antécédent de la proposition subordonnée relative

Attention
Ne pas confondre avec la proposition subordonnée conjonctive.
(Voir fiche 18, page 26.)

Je m'entraîne

1 ★ Sur une feuille à part, remplace l'adjectif souligné par une proposition subordonnée relative.

1. Il s'est abonné à cette revue trimestrielle. – 2. Le cheval est un animal herbivore. – 3. C'est un résultat imprévu. – 4. On a livré un colis volumineux.

2 ★★ Transforme chaque seconde moitié de phrase en proposition subordonnée relative pour former une phrase complexe. Utilise les pronoms suivants : duquel (une fois) – où (une fois) – qui (trois fois) – laquelle (une fois) – dont (trois fois).

1. Un Martien sortit de sa soucoupe ; cette soucoupe était fluorescente. – 2. Ce Martien débita des paroles bizarres ; je ne me souviens plus de ces paroles. – 3. Il me montra du doigt une planète : il habitait sur cette planète. – 4. Puis il m'invita dans son vaisseau spatial ; il visitait notre galaxie à bord de ce vaisseau spatial. – 5. Il me montra les commandes ; il se servait de ces commandes pour faire décoller la soucoupe. – 6. Je fus donc le premier homme à serrer la main d'un Martien ; ce Martien était fort bavard, ce Martien n'était pas méchant. – 7. Tout en parlant, le Martien proposa de m'emmener sur sa planète ; sa planète était bien plus agréable que la Terre. – 8. Il m'offrit une boisson verte ; le goût était vraiment étrange.

3 ★★★ Souligne uniquement les propositions subordonnées relatives.

Que tu ne connaisses pas cette recette m'étonne beaucoup ! Il faut prendre la langue d'une vipère qui a séjourné dans le formol, ajouter trois mouches dont les pattes ont été arrachées (garder ces pattes avec lesquelles on préparera une sauce très parfumée). Jeter ensuite ces ingrédients dans une casserole où l'on aura fait bouillir de la bave de crapaud et mélanger avec une cuillère qui doit être en bois de cerisier. Quand six minutes se sont écoulées, plonger dans ce bouillon un mille-pattes auquel il manque quatre pattes. Celui qui préparera ce plat ne le mangera sûrement pas !

4 ★★★ Relie chaque proposition principale à la relative qui convient.

1. Je veux une machine •	• a. qui monte vers le bois.
2. Prends une montre •	• b. qui remonte le temps.
3. Il faut suivre le chemin •	• c. qu'on ne remonte pas.

Auto évaluation Très bien ☐ Bien ☐ Pas assez bien ☐

21 La proposition subordonnée interrogative indirecte : totale ou partielle

→ Corrigés p. IV

J'observe et je retiens

■ La **proposition subordonnée interrogative** dépend d'un verbe qui exprime une interrogation et dont elle est complément d'objet (*demander*, *ignorer*). Elle est toujours introduite par un **mot interrogatif** : ***si*** (exemple 1), ***quel*** (exemple 2).

Exemples **1.** Le vétérinaire ignore **si** ce cochon d'Inde mord.
2. Le vétérinaire demande **quel** cochon d'Inde a mordu son assistant.

■ Principaux mots interrogatifs :
- Pronoms interrogatifs : ***qui***, ***ce qui***, ***ce que***, ***ce quoi***, ***lequel***, etc.
- Déterminants interrogatifs : ***quel***, ***quelle***, etc.
- Adverbes interrogatifs : ***pourquoi***, ***où***, ***si***, ***comment***, ***combien***, ***quand***, etc.

À retenir
→ L'interrogation est totale quand la réponse est « oui » ou « non » (exemple 1).
→ L'interrogation est partielle quand on ne peut y répondre par « oui » ou par « non » (exemple 2).

Je m'entraîne

1 ★ Indique si les propositions subordonnées soulignées sont des interrogatives indirectes partielles ou totales.

1. Nous aimerions savoir si c'est un steak d'autruche.
→ ....

2. Les policiers demandent pourquoi les débris du véhicule ont disparu. → ....

3. Demande à Sofia si ses parents sont d'accord.
→ ....

4. Les enquêteurs cherchent à savoir comment les bâtiments se sont effondrés. → ....

5. Elle demanda d'où provenaient les crevettes.
→ ....

2 ★★ Modifie les phrases suivantes en remplaçant les groupes nominaux soulignés par une proposition subordonnée interrogative indirecte.

Exemple *Je demande l'heure d'ouverture du magasin. → Je demande à quelle heure ouvrira le magasin.*

1. Tu voudrais savoir le lieu de rassemblement des candidats. → ....

2. Peux-tu me dire le motif de ton absence au cours d'EPS ? → ....

3. J'avoue que j'ignore les raisons de son mutisme.
→ ....

4. Mathilde aimerait savoir le coût d'un repas dans ce restaurant. → ....

5. Léon et Abdel ont demandé le but de l'intervention de ce spécialiste. → ....

3 ★★★ Souligne la proposition subordonnée interrogative indirecte et entoure le mot interrogatif qui introduit la proposition.

1. Samira demande combien coûtent ces sacs. – **2.** Paloma ignore si son cochon d'Inde est un mâle ou une femelle. – **3.** Les journalistes cherchent à savoir pourquoi le président ne s'est pas rendu à la conférence. – **4.** À ce stade de la compétition, j'ignore si cette patineuse sera qualifiée.

Auto évaluation Très bien ☐ Bien ☐ Pas assez bien ☐

22 L'indicatif présent : les verbes du 1er groupe

→ Corrigés p. IV

J'observe et je retiens

- Les verbes en *-cer* prennent une cédille devant **a** et **o**. **Exemple** placer → plaçons.
- Les verbes en *-ger* prennent un **e** devant **a** et **o**. **Exemple** nager → nageons.
- Les verbes en *-guer* gardent le **u** devant **a** et **o**. **Exemple** naviguer → naviguons.
- Les verbes en *-eter*/*-eler* présentent en général les variations suivantes :
  - *-el* ou *-et* si l'on entend le son « e » avant la consonne ;
  - *-elle* ou *-ette* si l'on entend le son « è » avant la consonne.

  Exemple jeter → vous jetez → tu jettes.
- Certains verbes en *-eler* ou *-eter* prennent un **accent grave** sur le **e**. **Exemples** marteler → je martèle ; acheter → j'achète ; geler → je gèle ; peler → je pèle.
- Les verbes qui se terminent par *-ayer*, *-uyer*, *-oyer* ont deux radicaux :
  - en *y* si le **a**, le **o** ou le **u** sont suivis d'une **voyelle prononcée** ;
  - en *i* si le **a**, le **o** ou le **u** sont suivis d'un **e muet**.

  Exemple essuyer → nous essuyons → tu essuies.

Voir les tableaux de conjugaisons, page 63.

Je m'entraîne

1 ★ Conjugue ces verbes à l'indicatif présent.

	Étaler	Appeler	Nager	Commencer	Ennuyer
J(e)	....	....	....	....	....
Tu	....	....	....	....	....
Il	....	....	....	....	....
Nous	....	....	....	....	....
Vous	....	....	....	....	....
Elles	....	....	....	....	....

2 ★★ Complète ces phrases en conjuguant correctement les verbes entre parenthèses.

1. Le juge (marteler) .... son nom. – **2.** Nous nous (placer) .... au premier rang. – **3.** Vous (larguer) .... les amarres et vous (naviguer) .... – **4.** Je (peler) .... une pomme tandis que vous (peler) .... des oranges. – **5.** Nous (manger) .... trop de cerises et nous (risquer) .... une indigestion. – **6.** Si tu (essuyer) .... les verres, Moktar et moi (essuyer) .... les assiettes. – **7.** En altitude, on (geler) .... vite ! – **8.** Que (décider) ....-vous ? – **9.** Vous (arrêter) .... de fumer. – **10.** Vous (répéter) .... ou je (répéter) .... ?

3 ★★★ Réponds oralement sans regarder la leçon.

1. Devant quelles lettres les verbes en *-cer* prennent-ils une cédille ? – **2.** Quelle est la particularité des verbes en *-guer* ? – **3.** Quand écrit-on *-elle* ou *-ette* ?

Auto évaluation Très bien ☐ Bien ☐ Pas assez bien ☐

23 L'indicatif présent : les verbes du 2e groupe et du 3e groupe

→ Corrigés p. IV

J'observe et je retiens

■ Les verbes du 2e groupe ont un infinitif en *-ir* et un participe présent en *-issant*.
Les terminaisons sont : *-is*, *-is*, *-it*, *-issons*, *-issez*, *-issent*.

Exemple Je fin**is**/en fin**issant**.

■ Les verbes du 3e groupe qui ont l'infinitif en :
- *-ir*, *-oir*, *-re*, *-soudre*, *-indre* ont pour terminaisons : *-s*, *-s*, *-t*, *-ons*, *-ez*, *-ent* ;
- *-dre* (sauf -indre et -soudre) ont pour terminaisons : *-ds*, *-ds*, *-d*, *-ons*, *-ez*, *-ent*.

■ Les verbes *pouvoir*, *valoir*, *vouloir* ont pour terminaisons :
-x, *-x*, *-t*, *-ons*, *-ez*, *-ent*.

Exemples Tu par**s** – Il voi**t** – Il résou**t** –
Nous peign**ons** – Je per**ds** – Tu peu**x**.

Voir les tableaux de conjugaisons, page 63.

À retenir
→ De nombreux verbes sont irréguliers : dire, faire, venir, etc.
→ Certains verbes en *-ir* dont le participe présent n'est pas en *-issant* (assaillir, cueillir, tressaillir, offrir, ouvrir, souffrir, etc.) ont les terminaisons des verbes en *-er* (je cueille, tu cueilles, etc.).

Je m'entraîne

1 ★★ Conjugue les verbes à l'indicatif présent.

	Mettre	Courir	Peindre	Dire	Offrir	Valoir
J(e)	....	....	....	....	....	....
Tu	....	....	....	....	....	....
Il	....	....	....	....	....	....
Nous	....	....	....	....	....	....
Vous	....	....	....	....	....	....
Elles	....	....	....	....	....	....

2 ★★★ Complète les phrases en conjuguant correctement les verbes entre parenthèses.

1. Tu (souffrir) .... car tu ne la (voir) .... pas souvent. – **2.** Les chats (bondir) .... dans le jardin. – **3.** Les troupes (assaillir) .... l'ennemi. – **4.** Qu'(apercevoir) ....-on d'ici ? – **5.** Dans cette église, (gésir) .... le poète italien Dante. – **6.** Pendant les vacances, les enfants (s'ébattre) .... dans la piscine et (parcourir) .... la côte en voilier. – **7.** Que (craindre) ....-vous ? Il n'y a personne ! – **8.** Si tu (gravir) .... cette colline, tu verras un paysage magnifique ! – **9.** Il (bâtir) .... une nouvelle maison. – **10.** Tu me (battre) .... toujours aux échecs ! – **11.** (Savoir) ....-tu pourquoi il (geindre) .... tout le temps ? – **12.** Nous (finir) .... notre exercice et nous (partir) .... à la plage !

Auto évaluation Très bien ☐ Bien ☐ Pas assez bien ☐

24 L'impératif présent

→ Corrigés p. IV

J'observe et je retiens

Les conjugaisons

Offrir	Placer	Finir	Courir	Savoir
Offre Offrons Offrez	Place Plaçons Placez	Finis Finissons Finissez	Cours Courons Courez	Sache Sachons Sachez
Descendre	**Être**	**Avoir**	**Aller**	**Prendre**
Descends Descendons Descendez	Sois Soyons Soyez	Aie Ayons Ayez	Va Allons Allez	Prends Prenons Prenez

Attention
Les verbes *aller* (va), *avoir* (aie) et tous ceux en *e* à la 2e personne du singulier ne prennent pas de *s*, mais par euphonie, on écrira : vas-y ; manges-en ; gardes-en ; cueilles-en ; etc.

L'impératif exprime un **ordre**, une **défense**, une **invitation**, un **conseil**. Il ne se conjugue qu'à trois personnes : **2e du singulier**, **1re et 2e du pluriel**. Les sujets ne sont pas exprimés. Il se conjugue le plus souvent au présent.

Le singulier de l'impératif présent est :

- en ***-e*** pour les **verbes du 1er groupe** (apporter → apporte) et pour les **verbes du 2e groupe** dont la terminaison est muette (offrir → offre ; cueillir → cueille) ;
- en ***-s*** pour les **verbes du 3e groupe** (venir → viens ; fuir → fuis).

Le pluriel est toujours en ***-ons*** et en ***-ez*** (courons → courez ; offrons → offrez).
Les variations éventuelles sont les mêmes que pour l'indicatif présent.

Exemples mangeons – prenons – faites – pinçons – etc.

Je m'entraîne

1 ★ Conjugue les verbes à l'impératif présent.

	Partir	Venir	Commencer	Boire	Comprendre
2e pers. sing.	....	....	....	....	....
1re pers. plur.	....	....	....	....	....
2e pers. plur.	....	....	....	....	....

2 ★★ Transforme les phrases de manière à obtenir l'impératif présent.

1. Tu es gentil. → ....
2. Nous montons au sommet. → ....
3. Vous avez du cran les amis. → ....
4. Tu en manges encore ! → ....

3 ★★★ Mets les verbes à l'impératif présent (2e personne du singulier) et le premier verbe à la forme négative.

1. Mentir/avouer le crime → ....
2. Courir/prendre le temps → ....
3. S'arrêter/continuer de pédaler → ....

Auto évaluation Très bien ☐ Bien ☐ Pas assez bien ☐

25 L'indicatif futur et le futur antérieur

→ Corrigés p. IV

J'observe et je retiens

Le futur simple

- Il se forme le plus souvent avec l'infinitif du verbe auquel on ajoute les terminaisons : *-ai*, *-as*, *-a*, *-ons*, *-ez*, *-ont*.

Exemple Avant de partir, je vérifierai la pression des pneus. Pendant ce temps-là, tu prépareras le pique-nique.

- Les verbes en *-eler* ou *-eter* prennent deux *l* ou deux *t*. **Exemple** appeler → tu appelleras. Les exceptions prennent un accent grave. **Exemple** acheter → il achètera.
- Les verbes en *-yer* changent l'*y* en *i*. **Exemple** appuyer → il appuiera.
- *Mourir, courir* et *acquérir* prennent deux *r*. **Exemple** tu courras ; il acquerra ; elles mourront.
- Certains verbes du 3e groupe ont un futur très différent de l'infinitif. **Exemples** aller → il ira ; venir → tu viendras ; envoyer → ils enverront.

Le futur antérieur

C'est un temps composé. Il se forme avec l'**auxiliaire** ***avoir*** ou l'**auxiliaire** ***être*** conjugué au **futur simple**, suivi du **participe passé** du verbe.

Exemples
– Dans dix minutes, j'aurai terminé mon exercice. → Le futur antérieur exprime des faits accomplis dans le futur.
– Quand la sonnerie retentira, j'aurai terminé mon exercice. → Employé avec le futur, il marque l'antériorité par rapport à l'action exprimée au futur simple.
– Quelqu'un l'aura aidé à faire son exercice. → Le futur antérieur peut exprimer une hypothèse.

Je m'entraîne

1 ★ Conjugue les verbes à l'indicatif futur, puis à l'indicatif futur antérieur.

	Préparer	Prévoir	Soutenir	Rappeler
Je	....	....	....	....
Tu	....	....	....	....
Il	....	....	....	....
Nous	....	....	....	....
Vous	....	....	....	....
Elles	....	....	....	....

2 ★★ Conjugue ces verbes à la 3e personne du singulier de l'indicatif futur (il).

mourir → .... payer → ....

jeter → .... coller → ....

3 ★★★ Conjugue les verbes entre parenthèses au futur ou au futur antérieur de l'indicatif.

1. Le carreleur (poser) .... les dalles quand le béton (sécher) .... – 2. Après que tu (terminer) .... la vaisselle, tu (étendre) .... le linge. – 3. Quand nous (obtenir) .... notre diplôme, nous (faire) .... un stage à Chicago. – 4. Dès que je (partir) ...., vous (fermer) .... la porte à clé.

Auto évaluation Très bien ☐ Bien ☐ Pas assez bien ☐

26 L'indicatif passé simple et l'imparfait

→ Corrigés p. V

J'observe et je retiens

■ Ces deux temps sont employés en alternance dans un récit au passé. *(Voir fiche 27, page 35.)*

	Imparfait			Passé simple				
	En *-er*	En *-ir/-issant*	Autres verbes	En *-er*	En *-ir/-issant*	Autres verbes		
	Chanter	Finir	Pouvoir	Chanter	Finir	Pouvoir	Venir	Croire
Je	chantais	finissais	pouvais	chantai	finis	pus	vins	crus
Tu	chantais	finissais	pouvais	chantas	finis	pus	vins	crus
Il	chantait	finissait	pouvait	chanta	finit	put	vint	crut
Nous	chantions	finissions	pouvions	chantâmes	finîmes	pûmes	vînmes	crûmes
Vous	chantiez	finissiez	pouviez	chantâtes	finîtes	pûtes	vîntes	crûtes
Elles	chantaient	finissaient	pouvaient	chantèrent	finirent	purent	vinrent	crurent

	Imparfait		
	Être	Avoir	Aller
J'	étais	avais	allais
Tu	étais	avais	allais
Il	était	avait	allait
Nous	étions	avions	allions
Vous	étiez	aviez	alliez
Elles	étaient	avaient	allaient

	Passé simple		
	Être	Avoir	Aller
J(e)	fus	eus	allai
Tu	fus	eus	allas
Il	fut	eut	alla
Nous	**fûmes**	**eûmes**	**allâmes**
Vous	**fûtes**	**eûtes**	**allâtes**
Elles	furent	eurent	allèrent

■ Attention aux particularités orthographiques de certains verbes : ils lancèrent → je lançai ; ils mangèrent → nous mangeâmes ; naviguer → je naviguai… *(Voir fiche 22, page 30).*

Je m'entraîne

1 ★ Conjugue ces verbes aux temps demandés.

	Craindre (imparfait)	**Tenir** (passé simple)
Je	....	....
Tu	....	....
Il	....	....
Nous	....	....
Vous	....	....
Elles	....	....

2 ★★ Mets les verbes entre parenthèses à l'indicatif passé simple.

Il (revenir) .... parmi nous quand il (avoir) .... vingt ans. Ses cousines (commencer) .... alors à l'admirer. Elles (se tenir) .... à sa disposition. Je ne (supporter) .... plus sa conduite et un jour, je (faire) .... un scandale à table. Il (se lever) ...., (partir) ...., et nous ne le (revoir) .... plus jamais.

3 ★★★ Même exercice.

1. L'athlète sud-africaine (lancer) .... son javelot le plus loin. – **2.** Nous (manger) .... des mets exquis. – **3.** Vous (commencer) .... à vous disputer quand il vous (narguer) .... – **4.** Tu (naviguer) .... le long des côtes.

Auto évaluation Très bien ☐ Bien ☐ Pas assez bien ☐

27 Comment employer le passé simple et l'imparfait

→ Corrigés p. V

J'observe et je retiens

■ **Passé simple** :
- action ponctuelle, présentée comme achevée (le fait seul est pris en considération, pas sa durée) ;
- action de premier plan, qui fait progresser le récit.

■ **Imparfait** :
- action dont la durée est indéterminée ; description ; répétition ;
- action d'arrière-plan, qui ne fait pas progresser la narration.

Exemple Alors que je dégustais tranquillement un steak au restaurant, je vis entrer mon pire ennemi.
(dégustais : action dont la durée est indéterminée ; vis : action ponctuelle)

Je m'entraîne

1 ★ Indique la valeur des verbes soulignés.

Chaque été, je scrutais le ciel pour reconnaître les étoiles ; cette nuit-là, il faisait chaud et sombre ; les arbres bruissaient et des chouettes hululaient. Alors que je repérais la Grande Ourse, une silhouette apparut dans le jardin. Je crus qu'il s'agissait d'un fantôme mais très vite, je reconnus mon père qui était à ma recherche.

....

....

....

....

2 ★★ Conjugue les verbes entre parenthèses au passé simple ou à l'imparfait de l'indicatif.

Hier, il (faire) .... beau, aussi je (prendre) .... la décision d'aller à la mer. Je (partir) .... de bonne heure car la route (être) .... longue. Depuis longtemps, j'(avoir) .... envie de me baigner. Tout à coup, il se (mettre) .... à pleuvoir. Je ne (renoncer) .... pas pour autant. Arrivée au bord de l'eau, j'(apercevoir) .... un attroupement. J'(avancer) .... et (voir) .... une voiture qui (sembler) .... flotter sur l'eau. Je demandais à un badaud comment elle (pouvoir) .... flotter ainsi ; il me (répondre) .... que par chance elle (être) .... sur un rocher. Le conducteur, qui (aller) .... beaucoup trop vite, avait raté un virage et atterri là ! Maintenant, il (avoir) .... l'air malin sur son rocher !

3 ★★★ Sur une feuille à part, récris ce texte au passé en utilisant l'alternance passé simple/imparfait.

Je me promène tranquillement dans le bois derrière chez moi, à la recherche de champignons – car c'est la saison et je sais qu'à cet endroit poussent de nombreux cèpes. Soudain, j'entends pleurer dans un buisson. Je m'approche doucement et ô stupeur ! que vois-je ? un loup qui pleure à chaudes larmes… Je lui demande quel est son problème, car vraiment il me fait pitié. Il me répond alors : « C'est à cause du Petit Chaperon rouge, il m'a dit que j'avais de grandes oreilles. »

Auto évaluation Très bien ☐ Bien ☐ Pas assez bien ☐

28 L'indicatif passé composé

→ Corrigés p. V

J'observe et je retiens

■ Pour former **le passé composé** : auxiliaire ***avoir*** ou ***être*** conjugué à l'**indicatif présent + participe passé** du verbe.

Exemple Il/elle a terminé – Il est allé/elle est allée.

■ **Les valeurs du passé composé**

• Le passé composé est employé pour une **action qui est accomplie**. Avec le **présent**, il exprime une **action antérieure**.

Exemple Ils sont sortis, je suis seule.

• Le passé composé peut être utilisé pour une **action qui a encore des répercussions dans le présent**.

Exemple J'ai ouvert les volets.

Voir les tableaux de conjugaisons, page 63.

Rappel
Avec l'auxiliaire *être*, le participe passé s'accorde en genre et en nombre avec le sujet.

Remarque
Le passé composé remplace le passé simple dans un niveau de langage courant. C'est le cas le plus courant à l'oral.

Je m'entraîne

1 ★ Conjugue ces verbes au passé composé.

	Naître	Acquérir	Monter	Descendre	Abattre
J(e)	....	....	....	....	....
Tu	....	....	....	....	....
Il/elle	....	....	....	....	....
Nous	....	....	....	....	....
Vous	....	....	....	....	....
Ils/elles	....	....	....	....	....

2 ★★ Sur une feuille à part, récris ce texte en remplaçant le présent par le passé composé.

Elle passe son temps à voyager. Elle découvre les Aborigènes d'Australie, elle va à la rencontre des Massaï au Kenya, elle traverse le désert du Kalahari, elle s'engage même dans la forêt amazonienne. Or, elle ne pense jamais à découvrir sa ville natale ; elle se refuse à visiter la cathédrale, elle boude le musée et elle ne déambule jamais dans les ruelles de la ville médiévale. Nous lui conseillons pourtant de regarder les curiosités de sa région mais elle refuse de nous écouter !

3 ★★★ Conjugue les verbes entre parenthèses au passé composé (pour exprimer une action antérieure) ou au présent.

1. Tu (comprendre) .... la leçon ; tu (pouvoir) .... faire cet exercice. – **2.** Elle (fêter) .... son anniversaire aujourd'hui mais elle (naître) .... le 12 juillet. – **3.** Il (pleuvoir) ...., le bassin (déborde) .... – **4.** Ils (partir) .... ; nous (pouvoir) .... parler en toute sécurité !

Auto évaluation Très bien ☐ Bien ☐ Pas assez bien ☐

29 L'indicatif plus-que-parfait et le passé antérieur

→ Corrigés p. V

J'observe et je retiens

La formation

- **Pour former le plus-que-parfait :** auxiliaire ***avoir*** ou ***être*** conjugué à l'**indicatif imparfait + participe passé** du verbe.

Exemples Nous avions terminé – Nous étions allé(e)s.

- **Pour former le passé antérieur :** auxiliaire ***avoir*** ou ***être*** conjugué à l'**indicatif passé simple + participe passé** du verbe.

Exemples Nous eûmes terminé – Nous fûmes allé(e)s.

À retenir
Pense à l'accent circonflexe sur les auxiliaires *être* et *avoir* aux 1re et 2e personnes du pluriel.

Les valeurs de ces temps

- Le passé antérieur s'utilise, uniquement à l'écrit, pour exprimer l'**antériorité par rapport au passé simple**.
- Le plus-que-parfait est employé pour une **action qui est accomplie dans le passé**.
- Employé avec un **autre temps du passé**, le plus-que-parfait exprime une **action antérieure**.

Exemple Quand ils sont arrivés, il était déjà parti.

- Il est employé pour exprimer une **hypothèse** (qui ne s'est pas réalisée).

Exemple Si vous étiez venus, vous l'auriez vu !

Voir les tableaux de conjugaisons, page 63.

Je m'entraîne

1 ★ a. Entoure les verbes à l'indicatif plus-que-parfait.

1. Nous étions là. – 2. Nous avions préparé nos valises. – 3. J'avais été ravie. – 4. Tu eus terminé ton exercice. – 5. Elle est partie.

b. Entoure les verbes au passé antérieur.

1. Vous fûtes partis. – 2. Ils eurent mangé. – 3. Vous aviez mangé. – 4. Elles auraient préparé.

2 ★★ Précise avec quel auxiliaire s'emploient ces verbes et conjugue-les à la 2e personne du pluriel du plus-que-parfait et du passé antérieur.

1. Voir → ....
2. Imaginer → ....
3. Perdre → ....
4. Sortir → ....
5. Revenir → ....

3 ★★★ Dans ces phrases, mets les verbes entre parenthèses au plus-que-parfait ou au passé antérieur selon le cas.

1. Dès qu'il (préparer) .... son sac, il partit. – 2. Quand il (écrire) .... une page de plus, il se sentait fier. – 3. Bilal (vieillir) .... : ses cheveux étaient maintenant tout blancs. – 4. Quand Leah (rentrer) ...., elle téléphona pour nous rassurer. – 5. Dès qu'ils (manger) .... ton gâteau, ils tombèrent malades ! – 6. Quand les enfants (manger) .... tous les bonbons, il courait aussitôt en racheter ! – 7. Quand nous sommes arrivés dans le magasin, tous les articles soldés (disparaître) .... déjà ....

Auto évaluation Très bien ☐ Bien ☐ Pas assez bien ☐

30 Le conditionnel présent et passé

→ Corrigés p. V

J'observe et je retiens

■ **Les conjugaisons du conditionnel présent**

			Verbes en *-er*	Verbes en *-ir/-issant*	Autres verbes
Avoir	Être	Aller	Chanter	Finir	Craindre
J'aurais	Je serais	J'irais	Je chanterais	Je finirais	Je craindrais

Le conditionnel **présent** se conjugue en ajoutant au **radical de l'indicatif futur** les terminaisons de l'**imparfait** : ***-ais***, ***-ais***, ***-ait***, ***-ions***, ***-iez***, ***-aient***.

■ **Les conjugaisons du conditionnel passé**

			Verbes en *-er*	Verbes en *-ir/-issant*	Autres verbes
Avoir	Être	Aller	Chanter	Finir	Craindre
J'aurais eu	J'aurais été	Je serais allé(e)	J'aurais chanté	J'aurais fini	J'aurais craint

Le conditionnel **passé** se conjugue avec les auxiliaires ***avoir*** et ***être*** au **conditionnel simple** suivis **du participe passé** du verbe concerné.

■ Ces deux temps peuvent avoir plusieurs valeurs.

- **Exprimer une hypothèse**

Exemples Si tu caressais ce chien, il te mordrait (**présent**).
Si tu avais caressé ce chien, il t'aurait mordu (**passé**).

- **Atténuer une demande ou un conseil**

Exemples Je voudrais ces chaussures dans la vitrine. Tu devrais prendre ton parapluie (**présent**).
J'aurais voulu ces chaussures dans la vitrine. Tu aurais dû prendre ton parapluie (**passé**).

- **Exprimer le doute**

Exemples D'après les journalistes, il y aurait des blessés (**présent**).
D'après les journalistes, il y aurait eu des blessés (**passé**).

- **Exprimer un fait imaginaire**

Exemples Je serais un chevalier et tu m'aurais appelé au secours.

■ Le conditionnel présent peut exprimer un **futur dans le passé** (quand le verbe principal est au passé).

Exemple Il a dit qu'il viendrait la semaine suivante.

■ Le conditionnel passé est employé dans un **contexte passé pour exprimer l'antériorité**.

Exemple Il a dit qu'il déménagerait quand les ouvriers auraient terminé les travaux.

Voir les tableaux de conjugaisons, page 64.

Je m'entraîne

1 ★ Conjugue ces verbes au conditionnel présent et passé à la 1re personne du pluriel (nous).

Courir → ....
Aller → ....
Chercher → ....
Vivre → ....
Avoir → ....
Pouvoir → ....
Devoir → ....
Savoir → ....
Regarder → ....

2 ★★ Conjugue les verbes entre parenthèses au conditionnel présent ou passé, selon le cas.

1. Il fait beau, peut-être (pouvoir) .... -nous aller à la mer ? – 2. Je (prendre) .... volontiers un verre de vin. – 3. Il a promis qu'il te (rendre) .... ta valise à la fin des vacances. – 4. J'ai appris que tu achèterais cette maison quand tu (obtenir) .... un prêt. – 5. S'il avait fait beau, j'(mettre) .... ce maillot de bain. – 6. Si tu voulais manger des fruits de mer, nous en (acheter) .... sur le port. – 7. Vous n'(pas être puni) .... si vous aviez fait vos devoirs !

3 ★★ Pour chaque phrase, dis si le conditionnel du verbe souligné indique une hypothèse, une demande ou un conseil atténués, ou l'antériorité.

1. Si je n'avais pas de si grands pieds, je trouverais des chaussures ! .... – 2. Me prêterais-tu ton scooter ? .... – 3. Elle n'aurait jamais dû amener son hamster en classe ! .... – 4. Achraf a promis qu'il nous préparerait des paupiettes dès qu'il aurait reçu son nouveau livre de cuisine. .... – 5. Nous aimerions voir les photos de tes vacances. .... – 6. Je prendrais bien une autre part de flan. .... – 7. Grand-père a promis qu'il me tricoterait ce pull dès qu'il aurait terminé l'écharpe de Zoé. .... – 8. Si elle était plus gentille, elle ferait mes exercices de grammaire ! ....

4 ★★★ Récris ce texte sur une feuille à part en mettant les verbes soulignés au passé simple et opère les changements de temps verbaux qui s'imposent. Quelle remarque peux-tu faire à propos des verbes qui sont à l'indicatif futur ?

Après l'incident survenu à bord de la fusée, le commandant décide de stopper les réacteurs : il prétend que l'équipage pourra sortir pour réparer l'un des radars. Le commandant prévient la Terre que la fusée sera normalement opérationnelle au bout de huit heures de travail. Sur Terre, on écoute la voix du commandant ; il annonce qu'il accompagnera les volontaires pour sortir. Il affirme avec sang-froid que s'ils n'interviennent pas, la fusée dérivera dans l'espace.

5 ★★★ Rédige des phrases qui expriment une action possible, soumise à une condition. Emploie le conditionnel présent.

Exemple *Aller à la plage/tu attraper des coups de soleil.*
→ *Si tu allais à la plage cet après-midi, tu attraperais des coups de soleil.*

1. Manger des fraises/Arya avoir une allergie et être couverte de boutons. → ....
....

2. Oublier mes lunettes/ne pas voir le film ! → ....
....

3. Lire ce roman/Elsa être passionnée par l'énigme policière. → ....
....

4. Ne pas avoir de route à faire/nous rester avec vous pour le dîner. → ....
....

Auto évaluation — Très bien ☐ Bien ☐ Pas assez bien ☐

31 Le subjonctif présent

→ Corrigés p. V

J'observe et je retiens

■ Le subjonctif présent (sauf *être* et *avoir*) se conjugue en ajoutant généralement au **radical de l'indicatif présent** les terminaisons : *-e*, *-es*, *-e*, *-ions*, *-iez*, *-ent*. Il est toujours précédé de la conjonction *que*.

Exemple Que Paul et Adèle n'attendent pas ! Leurs parents souhaitent qu'ils installent la tente. Cela sera fait avant qu'il ne fasse nuit.

■ **Dans les propositions principales et indépendantes**, le subjonctif exprime le plus souvent un **ordre**, une **défense**, un **souhait**, une **supposition**.

Exemple Que Paul et Adèle n'attendent pas !

■ **Dans une proposition complétive**, le subjonctif s'emploie après un verbe principal exprimant une **volonté** (ordre, défense) ou un **sentiment** (crainte, souhait, regret, etc.).

Exemple Leurs parents souhaitent qu'ils installent la tente.

■ **Dans une proposition circonstancielle**, le subjonctif s'emploie après certaines **conjonctions de subordination** (*pour que*, *avant que*, *jusqu'à ce que*, *afin que*, *à condition que*, etc.).

Exemple avant qu'il ne fasse nuit.

Voir les tableaux de conjugaisons, page 64.

Attention
Certains verbes présentent un **radical particulier** :
- savoir : que je sache, que nous sachions ;
- faire : que je fasse, que nous fassions ;
- pouvoir : que je puisse, que nous puissions ;
- aller : que j'aille, que nous allions ;
- avoir : que j'aie, que nous ayons ;
- vouloir : que je veuille, que nous voulions ;
- valoir : que je vaille, que nous valions.

À retenir
Le verbe *être* a des terminaisons irrégulières : que je sois, que tu sois, qu'il soit, que nous soyons, que vous soyez, qu'ils soient.

Je m'entraîne

1 ★ Conjugue les verbes au subjonctif présent.

	Avoir	Venir	Vouloir	Croire
Que j(e)	....	....	....	....
Que tu	....	....	....	....
Qu'elle	....	....	....	....
Que nous	....	....	....	....
Que vous	....	....	....	....
Qu'ils	....	....	....	....

2 ★ Entoure uniquement les verbes au subjonctif présent.

1. Nous partions. – 2. Nous partons. – 3. Vous causiez. – 4. Ils jouent. – 5. Tu marches. – 6. Vous fassiez. – 7. Vous faisiez. – 8. Elle prévienne. – 9. Je prévoie. – 10. Je prévois.

3 ★ Mets les verbes entre parenthèses au subjonctif présent.

1. Elles craignent que tu (s'en aller) .... – 2. Je ne pense pas que ton frère (être) .... là. – 3. Il a peur que Pablo (prévenir) .... le directeur. – 4. Je doute fort que vous (comprendre) .... ce film. – 5. Elle veut juste qu'on la (croire) ....

4 ★ Complète la terminaison des verbes.

1. Il faut absolument que je voi......... ta nouvelle moto. – 2. Je souhaite que tu ai......... raison. – 3. Je ne pense pas que nous part......... en Bretagne. – 4. Le photographe veut qu'elle souri........... – 5. Il faut que nous peign......... cette porte.

5 ★★ Mets les verbes et leur sujet au singulier.

1. Il faut que nous sachions la vérité. ➜ ....
2. Avant que vous n'alliez au restaurant, postez-moi cette lettre. ➜ ....
3. Qu'ils le veuillent ou non, je vends ce tableau. ➜ ...
....
4. Penses-tu qu'ils fassent la tête ? ➜ ....
5. Il faut qu'elles me croient ! ➜ ....
6. Avant que nous ne vendions ce tableau, il faut l'expertiser. ➜ ....

6 ★★ Indique la valeur du subjonctif présent dans ces phrases : ordre, défense, souhait, supposition.

1. Que personne ne bouge ! ➜ ....
2. Qu'on ferme la porte ! ➜ ....
3. Qu'elles éteignent leur cigarette ! ➜ ....
4. Qu'ils gagnent ! ➜ ....
5. Qu'il plonge et il se noiera. ➜ ....
6. Qu'elle se présente ici et elle saura ce que je pense d'elle ! ➜ ....
7. Pourvu que mes réponses soient justes. ➜ ....

7 ★★★ Dans ces propositions subordonnées, indique si le subjonctif est employé dans le cadre d'une complétive ou d'une circonstancielle.

1. La sorcière souhaite qu'on lui achète un balai neuf.
➜ ....
2. Je te le dis à condition que tu promettes de te taire. ➜ ....
3. Je l'ai invitée pour qu'elle apporte un gâteau !
➜ ....
4. Bien que je parte ce soir, je n'ai pas encore fait ma valise. ➜ ....
5. Je ne veux pas que tu te trompes. ➜ ....
....
6. Je ne souhaite pas qu'ils viennent. ➜ ....
....
7. Il est obligé de le bercer jusqu'à ce qu'il s'endorme ! ➜ ....
8. J'exige que vous apportiez vos livres. ➜ ....
9. Nous sommes prêts à tout faire pour qu'ils partent le plus vite possible ! ➜ ....

8 ★★★ Précise si les verbes soulignés sont au subjonctif présent (SP), à l'indicatif présent (IP) ou à l'indicatif imparfait (IPA).

1. Rends-lui visite avant qu'elle <u>parte</u>. ➜ .... – 2. Quand nous <u>gagnions</u> plus d'argent, nous allions à Tahiti tous les étés. ➜ .... – 3. Nous irons à Tahiti à condition que nous <u>gagnions</u> plus d'argent. ➜ .... – 4. Il <u>chante</u> faux ! ➜ .... – 5. Veux-tu qu'il <u>chante</u> cette chanson pour toi ? ➜ .... – 6. Qu'il <u>vente</u> ou qu'il <u>neige</u>, la cigale n'aura qu'à danser ! ➜ .... – 7. Il est trop tard pour que vous <u>alliez</u> vous promener. ➜ .... – 8. Où <u>alliez</u>-vous quand je vous ai vus ? ➜ .... – 9. Prends du gâteau avant qu'il ne <u>mange</u> tout ! ➜ .... – 10. Il est inutile que vous <u>arriviez</u> tous en même temps. ➜ ....

Auto évaluation — Très bien ☐ Bien ☐ Pas assez bien ☐

32 La voix passive

→ Corrigés p. VI

J'observe et je retiens

■ La voix passive est une transformation de certains verbes actifs. Elle traduit le résultat d'une action. Seuls les verbes transitifs directs (qui fonctionnent avec un COD) peuvent être transformés. Le verbe passif se conjugue avec l'auxiliaire *être* à tous les temps. Le **sujet du verbe** subit l'action.

Exemples 1. Voix active → La dépanneuse emporte mon véhicule.
2. Voix passive → Mon véhicule est emporté par la dépanneuse.

■ À la voix passive, les temps composés ont deux auxiliaires : *avoir* conjugué + *être* au participe passé.

Exemple Mon véhicule a été emporté par la dépanneuse.

Voir les tableaux de conjugaisons, page 64.

Je m'entraîne

1 ★ Dis si les verbes sont transitifs directs. Si oui, mets-les à la voix passive.

Rappel
Un verbe est transitif direct s'il est suivi d'un COD.

1. Le chien aboyait souvent la nuit. → ....
....
2. Le crocodile croqua Enola. → ....
....
3. Ton costume plairait à un clown ! → ....
....
4. Le chat observe les rats. → ....
....
5. Te souviens-tu de cet épisode ? → ....
....

2 ★ Coche la bonne réponse.

	Voix active	Voix passive
Nous avons dit		
Elle a été vue		
Je fus aperçu		
Il était venu		
Vous avez été charmés		
Elles seront cueillies		
Il eut été livré		
Je serais enchantée		
Je serai enchanté		
J'aurais enchanté		

3 ★★ Complète les phrases à la tournure passive en écrivant l'auxiliaire au temps demandé.

1. Nous .... désagréablement surpris par ta venue ! (indicatif passé composé)
2. Cet immeuble .... restauré l'an prochain. (indicatif futur)
3. Les avocats .... intéressés par ce dossier explosif. (conditionnel présent)
4. Ce journal .... racheté par un groupe américain. (conditionnel passé)

5. Les cages d'escalier .... mal construites. (indicatif plus-que-parfait)

6. Le pétrolier .... ramené au port par trois remorqueurs. (indicatif présent)

4 ★★ Les verbes de ces phrases sont-ils conjugués à la voix passive ou active ?

1. Vous êtes invités à déjeuner par le président de la République. ....

2. Une vague aurait emporté le nageur. ....

3. Cette affaire sera jugée très prochainement. ....

4. Des fruits de mer pas très frais ont été la cause de leur malaise. ....

5 ★★★ Transpose les phrases en utilisant la voix passive.

1. Ton oncle tiendrait le rôle du malade imaginaire.

→ ....

2. En Amérique, l'ours Baribal fouille les poubelles et dévalise les touristes !

→ ....

3. Les spectateurs applaudirent longuement Gaston, joueur malchanceux et si souvent blessé.

→ ....

4. Les coassements d'une grenouille amoureuse exaspéraient les touristes fatigués.

→ ....

5. L'opossum, rongeur nuisible d'Australie, dévaste souvent les champs des agriculteurs.

→ ....

6. Les pluies diluviennes auraient inondé les quartiers populaires de la capitale.

→ ....

7. Au Moyen Âge, le seigneur protégeait les paysans.

→ ....

8. La journaliste débutante annonça les informations avec aplomb.

→ ....

9. L'architecte responsable du projet a ordonné la révision immédiate des plans de l'immeuble.

→ ....

6 ★★★ Même exercice mais en conjuguant systématiquement les verbes à l'indicatif futur.

1. Léo amuse le professeur par ses pitreries.

→ ....

2. Le public a oublié cet acteur depuis longtemps !

→ ....

3. Les travaux sur le viaduc ont retardé Alina.

→ ....

4. Neelam a remporté la médaille d'or.

→ ....

5. Ce jour-là, les spectateurs avaient applaudi longuement le film.

→ ....

7 ★★★ Même exercice mais en conjuguant les verbes à l'indicatif présent.

1. Le secrétaire a envoyé ce rapport en trois exemplaires.

→ ....

2. Ma voisine a vendu ce scooter à la moitié de son prix.

→ ....

3. Le public élisait cette voiture la plus performante de l'année.

→ ....

Auto évaluation — Très bien ☐ Bien ☐ Pas assez bien ☐

33 La concordance des temps

→ Corrigés p. VI

J'observe et je retiens

Phrases dont les propositions subordonnées sont à l'indicatif

- **Principale au présent :** Je pense
  - qu'il a dormi (passé composé)
  - qu'il dormait (imparfait)
  - qu'il dort (présent)
  - qu'il dormira (futur)
  - qu'il aura dormi (futur antérieur)
- **Principale au passé :** Je pensais
  - qu'il avait dormi (plus-que-parfait)
  - qu'il dormait (imparfait)
  - qu'il dormait (imparfait)
  - qu'il dormirait (cond. présent)
  - qu'il aurait dormi (cond. passé)

Phrases dont les propositions subordonnées sont au subjonctif

- Si le verbe de la principale est un verbe de volonté ou de crainte, la subordonnée est au subjonctif.
- Si le verbe de la principale est au présent ou au futur, la subordonnée est au :
  – subjonctif présent (simultanéité ou postériorité) → Je crains qu'elle ne parte ;
  – subjonctif passé (antériorité) → Je crains qu'elle ne soit partie.

Je m'entraîne

1 ★ En t'aidant de la règle ci-dessus, mets le verbe de la subordonnée au temps qui convient.

1. En me voyant, Cassandra a cru que j'(être) .... folle parce que j'avais mis des mèches bleues. – **2.** Théo a promis que dimanche il (être) .... à l'heure ! – **3.** Quand je suis entrée, j'ai cru que Pierre (dormir) .... encore ! – **4.** Malika te fait savoir qu'elle (apporter) .... le dessert samedi prochain. – **5.** Les monitrices exigent que l'on (revenir) .... au point de départ.

2 ★★ Mets le verbe principal des phrases suivantes au temps indiqué entre parenthèses et modifie, si besoin, le verbe de la subordonnée.

1. Elle veut que nous partions. (indicatif futur)

→ ....

2. Tu penses qu'il est malade. (indicatif imparfait)

→ ....

3. Il dit que ma déclaration est inexacte. (indicatif passé composé)

→ ....

4. Je suis certain qu'elle acceptera. (indicatif imparfait)

→ ....

3 ★★★ Complète les phrases en mettant le verbe entre parenthèses à un temps compatible avec celui de la proposition subordonnée.

1. Ils me (dire) .... que j'abuse.

2. Je (penser) .... que vous trouveriez facilement la salle.

3. Le commissaire (estimer) .... que le vieillard était innocent.

Auto évaluation Très bien ☐ Bien ☐ Pas assez bien ☐

34 Les préfixes et les suffixes d'origine latine

→ Corrigés p. VI

J'observe et je retiens

■ À un radical de base, on peut ajouter un **préfixe** qui **précède le radical**. Le préfixe modifie le sens, mais pas la classe grammaticale.

Exemple tour → détour, contour.

■ De nombreux préfixes sont latins ; leur orthographe est parfois modifiée en fonction du radical qui suit.

Exemple *ad-* (vers) → apporter, admirer, accourir.

■ Les **suffixes** sont placés **derrière le radical** : ils permettent de former des mots de nature grammaticale différente.

Exemple considérer (verbe) – considération (nom) – considérable (adjectif qualificatif).

Je m'entraîne

1 ★ Modifie les suffixes de ces noms pour obtenir des verbes.

1. exagération → .... – 2. sonnette → .... – 3. imagination → .... – 4. agrafe → .... – 5. bavardage → .... – 6. course → ....

2 ★ Un intrus s'est glissé dans chaque liste de mots : retrouve-le !

1. bimensuel – bimoteur – bizarre – bipède – biface.
2. impossible – intransportable – illisible – impraticable – infernal.
3. portable – aimable – capable – désirable – sable.

3 ★★ Associe ces mots aux préfixes indiqués pour obtenir des mots de sens différent. Attention, l'orthographe peut être modifiée !

1. In- + légal → .... – 2. Pré- + histoire → .... – 3. In- + porter → .... – 4. Ad- + joindre → .... – 5. Ad- + courir → ....

4 ★★ Le préfixe re- (ou r- ou ré-) indique qu'une action se répète. Retrouve les mots qui correspondent aux définitions.

1. Abonner de nouveau → .... – 2. Activer de nouveau → .... – 3. Aménager sur de nouvelles bases → .... – 4. Donner à nouveau des armes → .... – 5. Fleurir à nouveau → .... – 6. Remettre au centre → .... – 7. Vendre ce que l'on a acheté → ....

5 ★★★ Il existe de nombreux suffixes diminutifs : en complétant les noms, retrouve-les !

1. Petite bête → .... – 2. Petite île → .... – 3. Petit du lapin → .... – 4. Petit de la chèvre → .... – 5. Petit de l'oiseau → .... – 6. Petite poule → .... – 7. Petit garçon → .... – 8. Petit coq → ....

Auto évaluation Très bien ☐ Bien ☐ Pas assez bien ☐

35 Les préfixes d'origine grecque

→ Corrigés p. VI

J'observe et je retiens

De nombreux mots français sont formés à partir d'éléments grecs. En repérant les **préfixes grecs** les plus courants, tu pourras comprendre et retrouver à ton tour de nombreux mots.

Exemples *Eu-* → Bien/facilité → Euphorique
Homo- → Semblable → Homophone
Hyper- → Sur/au-dessus/excès → Hypertension
Macro- → Grand → Macrocosme
Paléo- → Ancien → Paléontologue
Péri- → Autour → Périmètre

Je m'entraîne

1 ★ En t'aidant d'un dictionnaire, complète le tableau suivant.

Préfixe	Sens	Exemple
Amphi-	Autour	....
A-/an-	Privation	....
Anti-	Contre	....
Auto-	De soi-même	....
Dys-	Difficulté/ mauvais état	....
Épi-	Sur	....
Exo-	Au-dehors	....
Hypo-	Sous/ insuffisance	....
Méta-	Après/ changement	....
Micro-	Petit	....
Néo-	Nouveau	....
Oligo-	Peu nombreux	....
Poly-	Nombreux/ plusieurs	....
Pseudo-	Faux	....
Sym-/ syn-	Avec/ensemble	....
Télé-	De loin/ à distance	....

2 ★★ Propose un mot formé avec chacun de ces préfixes.

1. A-/an- → ....
2. Eu- → ....
3. Hyper- → ....
4. Hypo- → ....
5. Péri- → ....

3 ★★★ Un intrus s'est glissé dans chaque série de mots : retrouve-le.

1. exode – exogamie – exotisme – exercice.
2. anticalcaire – antichoc – anticlérical – antiquité.
3. dystrophie – dysphonie – dynastie – dyslexie.
4. épiderme – épice – épidémie – épigraphie.
5. polygone – polyphonie – politesse – polythéisme.

4 ★★★ Complète les mots en écrivant correctement le son indiqué et souligne ceux qui sont formés avec un préfixe grec.

1. [emi] → ....sphère ; ....nent
2. [sɛ̃] → ....biose ; ....ple
3. [sɛ̃] → ....phonie ; ....cère
4. [ɑ̃] → ....tise ; ....ticorps
5. [dis] → ....tinction ; ....orthographie

Auto évaluation Très bien ☐ Bien ☐ Pas assez bien ☐

36 Le champ lexical

→ Corrigés p. VI

J'observe et je retiens

Le **champ lexical** est l'ensemble des mots (verbes, noms, adjectifs) se rapportant à un **même thème**.

Exemple Lorsque le rideau s'ouvrit, on put admirer le somptueux décor, puis les comédiens et les comédiennes apparurent dans de superbes costumes du XVIIe siècle ; le premier acte venait de commencer.

→ Les mots soulignés appartiennent au champ lexical du théâtre.

Je m'entraîne

1 ★ Indique à quel champ lexical appartiennent les mots suivants.

1. Averse, pleuvoir, crachin, bruine, déluge → ....
2. Frayeur, effroi, épouvante, apeurer, terrifier → ......
3. Chemise, polo, blouson, chaussettes, pantalon → ...
4. Vague, marin, marée, océan, écume, voguer → ......
5. Un athlète, un palmarès, la boxe, le stade, l'arbitre, un record → ....
6. Cabriolet, monospace, essuie-glace, frein à main, décapotable, se garer, rouler, doubler → ....
7. Court métrage, acteur, studio, sous-titrage, version française, filmer, monter, cinéaste → ....

2 ★ Souligne les mots appartenant au champ lexical de la ville.

Le jour, les rues de la ville sont encombrées, les véhicules y sont nombreux. Mais la nuit, les rues sont plus calmes et l'on peut se promener sur les boulevards éclairés, sur les trottoirs silencieux. Les immeubles ont été désertés et les bureaux abandonnés. Le paysage urbain n'est plus le même.

3 ★★ Quel est le champ lexical dominant dans l'extrait suivant ?

Quand je vis les crêtes se dessiner au loin, le reflet bleuté du versant sud, je décidai immédiatement de partir en randonnée le lendemain… Après avoir traversé des éboulis, on arrivait à une plaque de neige éternelle que traversait un petit torrent.

....

4 ★★ Quel est le champ lexical dominant dans ce portrait ?

Ses yeux bleu pervenche charmaient tous ceux qui la croisaient. Avec sont teint de rose, elle rendait jalouses toutes les femmes de son entourage dont la beauté commençait à se faner.

....

5 ★★★ Grâce aux définitions, retrouve les noms ou expressions tirés du champ lexical de la littérature.

1. Personne imaginaire évoquée dans une fiction (récit ou pièce de théâtre) : ....
2. Celui qui raconte l'histoire : ....
3. Poème épique racontant au Moyen Âge les exploits de personnages historiques ou légendaires : ....

Auto évaluation Très bien ☐ Bien ☐ Pas assez bien ☐

37 Le champ sémantique

→ Corrigés p. VI

J'observe et je retiens

Fixer peut avoir plusieurs sens : se fixer (en Picardie) → s'installer quelque part ; fixer une rencontre → établir un rendez-vous ; fixer un panneau → rendre fixe, assujettir ; fixer quelqu'un du regard → regarder avec attention ; fixer les modalités → déterminer les conditions.

Pour étudier le champ sémantique, il faut relever tous les sens que peut avoir un mot.

Exemple Éva et Sohan doivent se fixer en Picardie pour leur nouvel emploi ; ils ont donc rendez-vous avec un agent immobilier qui leur a fixé une rencontre à trois heures à l'agence. Lorsqu'ils arrivent, l'agent est en train de fixer un panneau publicitaire. Il se retourne et les fixe avant de s'exclamer : « Bienvenue en Picardie, installez-vous, nous allons fixer les modalités de location de votre futur logement. »

Attention aux différents sens :
- Ton cousin a cassé sa poupée (sens propre : il a brisé).
- Ton cousin a cassé du sucre sur le dos de ta grand-mère (sens figuré : il a dit du mal).

Je m'entraîne

1 ★ Ces expressions sont-elles utilisées au sens propre ou au sens figuré ?

1. Il a embrassé sa mère. → ....
2. Elle a embrassé une carrière militaire. → ....
3. Le fil du temps → ....
4. Un fil de soie → ....
5. La fibre musculaire → ....
6. La fibre maternelle → ....
7. Battre les œufs → ....
8. Battre la campagne → ....
9. Un cœur de pierre → ....
10. Avoir le cœur sur la main → ....
11. Avaler des couleuvres → ....
12. Avaler son repas → ....

2 ★★ Remplace à chaque fois l'adjectif haut par un autre adjectif de même sens.

1. Il s'est perdu en haute mer. → ....
2. En cas de haute température, je brancherai le ventilateur. → ....
3. Cette statue date de la haute Antiquité.
→ ....
4. Ce garçon a une haute opinion de lui-même !
→ ....

3 ★★★ Remplace chacune des expressions soulignées par une expression synonyme.

1. Il finira par réussir car il a les dents longues.
→ ....
2. Je crois que Pierre a une dent contre toi !
→ ....
3. Héloïse adore faire du shopping ; elle s'habille toujours dans le vent.
→ ....
4. Adieu et bon vent !
→ ....

Auto évaluation Très bien ☐ Bien ☐ Pas assez bien ☐

38 La comparaison et la métaphore

→ Corrigés p. VII

J'observe et je retiens

■ La **comparaison** est une figure de style consistant à rapprocher deux termes (le comparant et le comparé) à l'aide d'un **mot comparatif** (*pareil à*, *semblable à*, *comme*, etc.).

Exemple La Lune est pareille à un disque argenté.
comparé → terme comparatif ← comparant

■ La **métaphore** rapproche deux éléments **sans** utiliser de **mot comparatif** ; elle **sous-entend** la comparaison.

Exemple Cette femme d'affaires est un requin.

Je m'entraîne

1 ★ Dans les phrases suivantes, souligne le comparé et le comparant, puis entoure le mot comparatif.

1. Après les résultats de son examen, Antoine était blanc comme un linge.
2. La voix de ma tante était semblable au bruit d'une crécelle.
3. « Mon esprit est pareil à la tour qui succombe. » (Charles Baudelaire, *Chant d'automne*)
4. Le concierge s'exprimait tel un moulin à paroles !

2 ★★ Reconnais-tu une comparaison ou une métaphore ? Quand il s'agit d'une comparaison, relève l'outil comparant.

1. « La Terre est bleue comme une orange. » (Paul Éluard, *L'Amour, la poésie*)
2. « Le velours trompeur de la neige. » (Henri Michaux, *Mes propriétés*)
3. Il sifflait gaiement, comme un merle au mois de mai.
4. Le blé de ses cheveux ondulait dans le vent.
5. Les hirondelles sont perchées sur le fil, pareilles à des notes de musique.
6. « La Lune, comme un point sur un *i*. » (Alfred de Musset, *Ballade à la Lune*)
7. Une mer de manifestants envahit la place.

3 ★★★ Complète les comparaisons en utilisant les noms ou expressions proposés dans la liste suivante : Crésus, une madeleine, un arracheur de dents, un coq en pâte, ses pieds, Hercule, une mule, une déesse, l'éclair.

1. Paul ment comme
→ ....
2. Cet homme est riche comme
→ ....
3. Il était bête comme
→ ....
4. Tu es vraiment têtu comme
→ ....
5. Elle était belle comme
→ ....
6. Maxime pleure comme
→ ....
7. Mon oncle est fort comme
→ ....
8. Il vit comme
→ ....
9. Il est rapide comme
→ ....

Auto évaluation — Très bien ☐ Bien ☐ Pas assez bien ☐

39 Les mots génériques

→ Corrigés p. VII

J'observe et je retiens

- Le mot *outil* permet d'éviter une répétition.

Exemple En bricolant, je me suis blessée avec un marteau. Les outils sont dangereux !
« Outil » est un mot de même nature que « marteau » : ce sont des noms communs.

- Le mot *outil* englobe une catégorie plus large et a un sens moins précis, c'est un **mot générique**.

Exemple Outil → marteau, tournevis, scie, perceuse, etc.

Je m'entraîne

1 ★ Entoure à l'intérieur de ces groupes le mot générique qui englobe tous les autres mots.

1. colère – honte – sentiment – joie – gêne
2. escarpins – sandalettes – chaussures – mocassins – nu-pieds
3. petits pois – légumes – haricots – courgettes – aubergines
4. étagères – commodes – meubles – tables – chaises

2 ★★ Quel est le mot générique qui pourra englober tous ces termes ?

1. pelisse – redingote – duffle-coat – gabardine – pardessus → ....
2. tomate – poire – pêche – prune – cassis → ....
3. chat – tigre – léopard – panthère – chat sauvage → ....
4. canard – cygne – oie – pélican – pingouin → ....
5. hallebardier – cavalier – fantassin – tirailleur – éclaireur → ....
6. faisan – perdrix – sanglier – biche – bécasse → ....
7. dragon – sirène – chimère – griffon – licorne → ....
8. crocodile – caïman – boa – lézard – vipère → ....
9. courage – vaillance – persévérance – prudence – zèle → ....

3 ★★ Évite les répétitions en employant un terme générique.

1. Les enfants rêvent tous d'avoir un chien ou un chat. (Les chiens et les chats) .... sont effectivement d'excellents compagnons de jeu.
2. Cette nuit, j'ai entendu des claquements, des craquements et des sifflements. Tous (ces claquements, craquements et sifflements) .... m'ont empêché de dormir.
3. J'ai emporté deux pulls, un pantalon, une robe et une veste, mais quand je les ai sortis de la valise, tous (les pulls, le pantalon, la robe et la veste) .... étaient tachés.

Auto évaluation Très bien ☐ Bien ☐ Pas assez bien ☐

40 L'auteur, le narrateur et le personnage

→ Corrigés p. VII

J'observe et je retiens

■ **L'auteur** est la personne réelle (qui existe vraiment) qui produit un texte écrit. Il/elle n'apparaît pas dans le récit. On peut dire aussi que c'est le créateur (ou la créatrice).

■ **Le narrateur** (ou la narratrice) est distinct(e) de l'auteur : il/elle raconte l'histoire ; il/elle narre le récit à l'intérieur du livre. Il y a deux sortes de narrateurs :

- le **narrateur personnage** qui raconte une histoire à laquelle il participe, dont il est l'un des personnages, parfois le héros. Dans le récit, on repère l'emploi de la 1re personne du singulier, *je*. On trouve ce type de narrateur dans les autobiographies, les Mémoires, etc. ;
- le **narrateur extérieur au récit**, qui raconte l'histoire en demeurant en dehors du récit, n'est pas un personnage. Le récit est à la 3e personne, *il* ou *elle*. Le narrateur extérieur ne parle pas de lui.

■ **Le personnage** est une personne imaginaire qui fait partie du récit (ce mot vient du latin *persona* qui signifie « masque de théâtre »). En général, il est décrit d'une façon assez détaillée.

Je m'entraîne

1 ★ Connaît-on le narrateur de ce texte ? Qui est le personnage principal ? Qui est l'auteur ?

« Le chevalier en a assez. Il abaisse sa lance et sur l'autre tous deux se précipitent en laissant courir leurs chevaux à grande allure. »

Chrétien de Troyes, *Perceval ou le Roman du Graal*, Gallimard.

....

....

2 ★★ À quel genre de narrateur avons-nous affaire dans ce texte ? Donne le nom des personnages.

Le chevalier Lancelot est blessé au cours d'un tournoi : « L'accident ayant mis une fin brutale à la fête, le terre-plein se vidait lentement des bêtes et des spectateurs. Lancelot geignait maintenant doucement, et Morgane, qui avait aperçu d'autres contusions à la tête et au poignet, continuait d'enrouler ses bandages avec d'infinies précautions. Elle demanda à Caï de courir au château et de rapporter les herbes qui calmeraient les douleurs du blessé et l'aideraient à s'endormir. Caï à peine revenu, Lancelot ouvrit enfin les yeux et promena autour de lui un regard étonné.
– Morgane… Qu'est-il arrivé ?…
– Vous êtes tombé de votre cheval. »

Chrétien de Troyes, *Perceval ou le Roman du Graal*, Gallimard.

....

....

....

3 ★★★ Lis cet extrait et réponds aux questions.

« L'année dernière, je fus invité, ainsi que deux de mes camarades d'atelier, à passer quelques jours dans une terre au fond de la Normandie. […] La pendule sonna onze heures. Le vibrement du dernier coup retentit longtemps, et lorsqu'il fut éteint… Oh ! non, je n'ose pas dire ce qui arriva, personne ne me croirait, et l'on me prendrait pour un fou… »

Théophile Gautier, *Récits fantastiques*, « La Cafetière », 1831.

1. À quelle personne est rédigé ce texte ?

→ ....

2. Le narrateur appartient-il à l'histoire ?

→ ....

3. Quel est son rôle dans l'histoire ?

→ ....

4. Quel est l'avantage de ce type de narrateur ?

→ ....

5. Qui est l'auteur ?

→ ....

Auto évaluation Très bien ☐ Bien ☐ Pas assez bien ☐

41 Comment accorder le participe passé

→ Corrigés p. VII

J'observe et je retiens

■ Pour savoir si le participe passé d'un **verbe non pronominal** s'accorde, il faut repérer l'auxiliaire :

- employé avec l'auxiliaire ***être***, le **participe passé s'accorde** en genre et en nombre avec le sujet (exemple 1) ;
- employé avec l'auxiliaire ***avoir***, le **participe passé ne s'accorde pas** avec le sujet. Il faut **repérer le COD** (s'il y en a un bien sûr !) :
  - si le COD est placé **après** le participe, il **ne s'accorde pas** (exemple 2) ;
  - si le COD est placé **avant** le participe, il **s'accorde** en genre et en nombre avec le COD (exemple 3).

Exemples 1. Les enfants sont partis.
2. J'ai mangé des tomates.
3. Voici les tomates que j'ai achetées.

Rappel
Le participe passé utilisé comme adjectif pour qualifier un nom s'accorde en genre et en nombre avec ce nom.
Exemple : Mets dans la casserole les tomates **pelées**.

Je m'entraîne

1 ★ Complète les observations suivantes pour chaque participe passé souligné en t'inspirant de l'exemple.

Lola et Amina sont allées en Écosse cet été. Elles ont visité un château hanté. Quand on leur a raconté que des fantômes erraient la nuit dans les couloirs, elles n'ont pas cru ces histoires. Mais dans la pénombre d'un corridor, l'apparition d'une silhouette fluorescente les a bien surprises !

Exemple ***allées :*** *voix active, auxiliaire* être
→ *on accorde avec le sujet « Lola et Amina ».*

1. **visité** : voix active, auxiliaire *avoir*, le COD est placé derrière le participe passé
→ ....

2. **raconté** : voix active, auxiliaire *avoir*, le COD est placé derrière le participe passé
→ ....

3. **cru** : voix active, auxiliaire *avoir*, le COD
→ ....

4. **surprises** : voix active, auxiliaire *avoir*, le COD
→ ....

2 ★ Souligne le sujet et accorde le participe passé quand c'est justifié.

1. Nos cousines ont (faire) .... les courses ce matin.
2. Yaël et Hannah sont (partir) .... à Londres.
3. Toutes les portes sont-elles (fermer) .... ?
4. Hier, tous les trains sont (arriver) .... avec du retard.
5. Les garçons ont (laver) .... leurs vélos puis ont (regarder) .... un film.
6. Les messagers sont (retourner) .... auprès du roi et ont (rapporter) .... la proposition de trêve.
7. La sorcière a (préparer) .... une potion ; elle a tout (boire) .... et est (devenir) .... superbe !

3 ★★ Souligne le COD et accorde le participe passé quand c'est justifié.

1. Ils ont (chasser) .... les ours.
2. Les ours, ils les ont (chasser) .... hier.
3. Ils ont (préparer) .... une omelette.
4. L'omelette, ils l'ont (préparer) .... avec des champignons.
5. Ils ont (raconter) ....des histoires drôles.
6. Elle a (éplucher) .... une clémentine.
7. Voici les chaussures que Sarah a (acheter) ....
8. Sarah a (acheter) ....des chaussures rouges.
9. Ils ont (perdre) .... leur chien.
10. Elle a (perdre) .... son chat.
11. Ils lui ont (livrer) .... des meubles en merisier.
12. Les histoires drôles qu'ils ont (raconter) .... ne m'ont pas fait rire.

4 ★★ Accorde correctement les participes passés.

1. Les poires, les tomates et les citrons qu'il a (acheter) ....
2. Les cousines et les nièces que j'ai (rencontrer) ....
3. Les sangliers et les chevreuils qu'elle a (tuer) ....
4. Les pintades et les dindons qu'elles ont (nourrir) ... .

5 ★★★ Les accords du participe passé ont été supprimés. À toi de les récrire !

Tôt ce matin, les habitants du village ont été réveill......... par un tremblement de terre. Très vite, les pompiers sont arriv......... pour aider les personnes âgées qui étaient bloqu......... chez elles. Ce n'est pas la première fois que la terre tremble au village, des secousses telluriques ont déjà perturb......... la vie tranquille des villageois en 1924, 1936 et 1978. La secousse d'aujourd'hui a été enregistr......... par les chercheurs. Ils l'ont trouv........ tout à fait banale et ont déclar......... qu'il y avait e......... plus de peur que de mal.

La maire de son côté a rappel......... : « En 1978, en pleine nuit, tous les habitants ont d......... se réfugier dans les champs. Celle que nous avons conn......... ce matin est bien moins importante ! »

6 ★★★ Même exercice.

Deux randonneurs qui traversaient le Jura sont all......... de surprise en surprise. Tout d'abord, Jules a racont......... qu'il avait achet......... des chaussures trop petites. Il les avait chauss......... sans chaussettes car il avait oubli......... son linge. Farida, sa compagne, a v......... que son sac et sa gourde étaient perc.......... On se demande s'ils ont bien vérifi......... leur matériel avant de partir !

Ils ont décid......... de dormir près d'une forêt de sapins. Ils ont été charm......... par le lieu et n'ont rien constat......... d'anormal, si bien qu'ils ont install......... leur tente sans précaution.

Malheureusement, une chouette a hulul......... pendant deux heures !

Si cette chouette, que les randonneurs ont chass......., a dispar........., ce n'est pas le cas du bélier qui a surg......... des buissons et arrach......... la tente.

Nos deux campeurs sont rentr......... épuis......... et ont jur........., mais un peu tard, qu'on ne les y prendrait plus !

Auto évaluation — Très bien ☐ Bien ☐ Pas assez bien ☐

42 Choisir l'infinitif en *-er* ou le participe passé en *-é*

→ Corrigés p. VII

J'observe et je retiens

■ On trouve l'infinitif en ***-er*** le plus souvent derrière une préposition (*à*, *de*, etc.) ou un verbe (*aller*, *devoir*, *falloir*, *pouvoir*, etc.).

■ Le participe passé est :
- employé comme un adjectif et peut avoir les fonctions d'épithète, attribut du sujet ou apposé (il s'accorde avec le sujet) ;
- précédé de l'auxiliaire *être* (il s'accorde avec le sujet) ;
- précédé de l'auxiliaire *avoir* (il s'accorde avec le COD si celui-ci est placé avant).

Exemples Papa doit cirer le parquet. — Le parquet ciré brille.
J'ai encore des exercices à terminer. — Mes exercices sont terminés.

Astuce
On peut reconnaître l'infinitif en *-er* en le remplaçant par un verbe à l'infinitif avec une autre terminaison (*-ir*, *-oir*, etc.).
Exemple :
J'ai encore des exercices à faire (à terminer).

Je m'entraîne

1 ★ Fais l'exercice sur le modèle suivant.

Exemple *coller une vignette → une vignette collée*

1. Payer une facture → ....
2. Brûler du papier → ....
3. Adopter des enfants → ....
4. Relever des fautes → ....
5. Noter des remarques → ....
6. Nettoyer des vitres → ....
7. Décorer un soldat → ....
8. Sucrer des gaufres → ....
9. Bien garer une voiture → ....

2 ★★ Écris la terminaison qui convient.

1. Vous allez décoll......... dans un instant vers des contrées inexplor......... – 2. Affam........., les filles se ruèrent sur les frites qui n'étaient pas sal......... – 3. Théo change le pneu crev......... et va livr......... du pain. – 4. Se lev......... tôt est difficile quand on est fatigu......... – 5. Nous avons dû arrêt......... la circulation car des vaches abandonn.............. se promenaient sur la nationale. – 6. Émerveill............, Pauline et Adel sortent du nouveau parc d'attractions en oubliant de post............ la carte qu'ils ont écrite à leur cousine.

3 ★★★ Écris la terminaison qui convient et justifie-la en écrivant entre parenthèses un infinitif ou un participe passé dont la terminaison est différente.

1. Elle désire demand......... (.......................) sa mutation. – 2. Tu vas essay......... (.......................) de trouv......... (.......................) une boisson sucr......... (.......................). – 3. Elle est pri......... (.......................) de rang......... (.......................). – 4. Épuis......... (.......................), il a dû renonc......... (.......................). – 5. Elle irait bien t'achet......... (.......................) le journal mais elle est épuis......... (.......................) ; elle a trop travaill......... (.......................).

Auto évaluation Très bien ☐ Bien ☐ Pas assez bien ☐

43 Comment accorder les adjectifs de couleur

→ Corrigés p. VII

J'observe et je retiens

■ On n'accorde jamais :
- les adjectifs de couleur composés (exemple 2) ;
- les adjectifs de couleur qui correspondent à un objet, souvent une fleur ou un fruit (exemple 3 : de la couleur du marron).

Exemples 1. des robes bleues 2. des robes bleu ciel 3. des robes marron

Attention
On écrira donc : *Les oranges sont orange.*

Je m'entraîne

1 ★ Orthographie correctement les adjectifs de couleur entre parenthèses et, suivant l'exemple, justifie ton choix.

Exemple *des chaussettes (vert clair)*
→ *vert clair, adjectif composé donc pas d'accord.*

1. Des grenouilles (vert et jaune)

→ ....

2. Une moquette (vert d'eau)

→ ....

3. Des pommes (vert)

→ ....

2 ★★ Accorde, quand c'est nécessaire, les adjectifs de couleur.

1. Ses yeux (bleu pervenche) .... scintillaient tandis qu'elle observait sa nouvelle tenue. – 2. Elle portait des chaussures (bleu nuit) .... assorties à une pochette (vert) .... – 3. Elle enfilait des gants (vert épinard) .... du plus bel effet avec ses manchettes (doré) .... – 4. Les collants (bleu et blanc) .... s'harmonisaient avec une jupe (bleu canard) ...., c'est-à-dire presque (vert) .... – 5. Deux rubans (jaune) .... ornaient une coiffe (myosotis) .... – 6. Sa chevelure (roux) .... cachait ses boucles d'oreilles (violet) .... – 7. Sa veste était (blanc) ...., avec des pois (mauve) .... sur le col et des rayures (rouge) .... sur les manches.

3 ★★ Même exercice.

Pour faire partie de notre groupe, tu dois emporter les vêtements suivants :

– deux chemisettes (orange) .... ;

– deux paires de chaussettes (vert d'eau) .... ;

– une paire de bottes (bleu) .... ;

– deux pulls (marron) .... ;

– une salopette (fuchsia) ....

Rendez-vous au lieu-dit « l'Auberge (doré) » .... à la lisière de la forêt (noir) ....

Si tu vois une camionnette (blanc cassé) ...., c'est que nous sommes arrivés avant toi.

Auto évaluation Très bien ☐ Bien ☐ Pas assez bien ☐

44 Comment employer *ou/où – ça/çà*

→ Corrigés p. VII

J'observe et je retiens

Ou/où

- *Ou* sans accent est une **conjonction de coordination** (exemple 1). *Ou* relie souvent deux éléments de même nature (deux groupes nominaux, deux verbes, etc.). On peut remplacer *ou* par *ou bien*.
- *Où* avec accent est un **pronom relatif** (exemple 2) ou un **pronom interrogatif** (exemple 3).

Exemples 1. Veux-tu un croissant ou une brioche ?
2. Je vais où je veux ! 3. Où vas-tu ?

Ça/çà

- *Ça* sans accent, forme abrégée de cela, est un **pronom démonstratif** (exemple 1).
- *Çà* avec accent est un **adverbe** employé généralement avec *là* et signifiant **ici**, **de ce côté** (exemple 2).

Exemples 1. Je peux partir aujourd'hui ou demain, ça m'est égal.
2. Du muguet fleurit çà et là.

Je m'entraîne

1 ★ Entoure ou quand tu peux le remplacer par ou bien.

1. Thé ou café ? – 2. Viens-tu ou non ? – 3. Il m'a expliqué par où passer. – 4. Est-ce du verglas ou de la pluie ? – 5. Je rêve d'un camping où il n'y aurait pas de moustiques !

2 ★★ Choisis entre ou et où.

1. Le chevalier était mort de peur : « Vais-je me battre .... m'enfuir ? – 2. Risquer de mourir .... passer pour un lâche ? » – 3. Il avait traversé des contrées .... les dragons étaient féroces, ... les dangers étaient nombreux. – 4. .... se cachait le monstre ? – 5. On lui avait parlé d'une forêt d'......... l'on ne revient jamais, ... les ronces forment un rideau infranchissable. – 6. Il se demandait par .... passer pour ne pas s'aventurer là .... le monstre avait fait sa tanière. – 7. Il hésita dans son choix d'arme : une épée .... une hallebarde ?

3 ★★ Choisis entre ça et çà.

1. Où as-tu acheté .... ?
2. Nous avons ramassé des coquillages .... et là.
3. .... t'intéresserait de venir avec nous ?
4. Comment .... va ? – .... va bien.
5. Il ne pense qu'à .... !
6. Ce que je fais, ... ne vous regarde pas !

4 ★★★ Choisis entre ou, où, ça et çà.

1. Il y avait des flaques d'eau .... et là ; il fallait regarder .... nous marchions.
2. Nous nous sommes promenés .... et là, sans savoir vraiment .... nous allions.
3. .... me regarde et je m'en occupe, ... te concerne uniquement et je ne m'occupe de rien !
4. Attention ! .... c'est du cristal ; .... casse !
5. Veux-tu me dire .... tu vas ?
6. .... partez-vous de si bonne heure ? .... m'intéresse peut-être de vous accompagner.

Auto évaluation Très bien ☐ Bien ☐ Pas assez bien ☐

45 Comment employer *sur/sûr*

→ Corrigés p. VII

J'observe et je retiens

■ ***Sûr*** avec accent est un adjectif qui s'accorde en genre et en nombre (nous sommes sûrs ; elles sont sûres). Il signifie *certain, assuré*.

■ ***Sur*** sans accent est une préposition qui marque la position, la direction (le nuage se dirige *sur* Paris), exprime un rapport logique (on me jugera *sur* les faits) ou qui a une valeur temporelle (elle est arrivée *sur* le coup de onze heures). Il signifie *au-dessus, parmi, près de, autour de, en direction de, d'après*.

Exemple J'étais sûr que nous trouverions la pizza sur sa table de chevet !

Je m'entraîne

1 ★ Dis si sur/sûr est une préposition (P) ou un adjectif (A).

1. Ilan a voulu grimper sur (..........) ce poney sans être sûr (..........) de son caractère.
2. Évidemment, il s'est retrouvé sur (..........) le derrière.
3. Le commissaire n'est pas sûr (..........) que l'assassin ait laissé des empreintes sur (..........) les vitres et les portes.
4. Pose cette tasse sur (..........) le bar et rejoins-nous sur (..........) le balcon.
5. Lors de la finale, le perchiste n'était pas sûr (..........) de son coup, il a préféré miser sur (..........) une médaille de bronze.

2 ★★ Complète le texte par sur ou sûr(e)(s).

Lorsque les randonneurs furent .... le point de partir, ils durent vérifier que leur matériel était .... Paolo posa son sac .... le rebord du pont et Mattia, qui ne semblait plus .... de sa lampe frontale, commença à la démonter ; Vadim s'assit .... le trottoir pour ôter un gravier de sa chaussure. Le guide, en les observant, était de moins en moins .... de pouvoir les emmener .... le glacier. Et il eut raison : être .... le départ ne veut pas dire être parti. Le sac de Paolo tomba .... la tête de Mattia, qui hurla .... son frère ! .... ces entrefaites, le chien arriva et s'empara de la chaussure de Vadim, lequel commença à pleurer !

Seul Tom ne fit pas de bêtise ; la chose est .... : il venait de s'endormir .... l'épaule de sa sœur Lou.

3 ★★ Même exercice.

Boulogne- ....-Mer est le premier port de pêche de France, c'est ....

De gros chalutiers débarquent quotidiennement des tonnes de poissons .... les quais, pour le plus grand plaisir des badauds. Mais dans cette ville, on peut aussi mettre la main .... le dos de raies ; à Nausicaà, le plus grand aquarium d'Europe, les enfants sont .... de pouvoir caresser des poissons ; un poulpe géant vient aussi de rejoindre les hôtes de ce lieu fascinant et mystérieux.

Auto évaluation Très bien ☐ Bien ☐ Pas assez bien ☐

46 Comment employer *s'en*/*sans* – *d'en*/*dans*

→ Corrigés p. VIII

J'observe et je retiens

■ Il ne faut pas confondre *sans*, **préposition** en un seul mot, et *s'en* qui, formé de deux mots, peut se décomposer en ***se*** + ***en***.

Exemples

1. Pauline a fait un parcours sans faute. → Pauline a fait un parcours sans aucune faute.
   préposition
2. Elle s'en souvient bien. → Je m'en souviens bien.
   pronom *se* élidé + pronom *en*

■ Il ne faut pas confondre *dans*, **préposition** en un seul mot, et *d'en*, en deux mots, qui correspond à ***de*** + ***en***.

Exemples

1. Entrez dans ma cabane. → Entrez à l'intérieur de ma cabane.
   préposition
2. Tu ferais bien d'en parler. → Tu ferais bien de parler de cela.
   préposition *de* élidée + pronom invariable *en*

Je m'entraîne

1 ★ Écris sans à la place des pointillés et accorde au pluriel si nécessaire.

1. un ciel .... nuage..... – 2. un homme .... cœur..... – 3. un sapin .... aiguille..... – 4. une clémentine .... pépin..... – 5. l'anglais .... peine..... – 6. un avocat .... scrupule.....

2 ★★ Complète les phrases avec sans ou s'en.

1. Soyez .... crainte pour le voyage. Les billets ? Baptiste .... charge. – 2. Il .... faisait beaucoup pour la santé de sa mère. Il téléphonait .... arrêt pour prendre de ses nouvelles. – 3. J'ignore s'il .... rend compte, mais .... argent il n'ira pas loin. – 4. Il sortit de la mairie et .... éloigna, ... remarquer le bébé. – 5. Tu appelleras tes parents .... moi. – 6. .... qu'ils ne .... aperçoivent, ils dérivent. – 7. Charlotte .... veut d'être partie .... rustines !

3 ★★ Complète les phrases avec dans ou d'en.

1. Range tes billes .... ta trousse, ou tu risques .... perdre quelques-unes !
2. Promenons-nous .... les bois.
3. .... trois ans, j'irai vivre à New York.
4. .... chaque fable, il y a un enseignement à tirer.
5. Que mets-tu .... ta mousse au chocolat ? Je viens .... faire une mais elle n'est pas aussi bonne !

4 ★★ Choisis entre s'en, sans, d'en et dans.

1. .... billet, nous ne pourrons pas entrer .... la salle de concert ! 2. Le train .... va ; il arrivera .... la prochaine gare .... une heure et demie. 3. Nous cherchions des palourdes .... le sable, et elle vient .... trouver une certaine quantité. 4. Le professeur nous a donné beaucoup d'exercices ; j'ai tenté .... faire plusieurs mais .... succès !

Auto évaluation — Très bien ☐ Bien ☐ Pas assez bien ☐

47 Comment employer *peu/peut/peux*

→ Corrigés p. VIII

J'observe et je retiens

Il ne faut pas confondre ***peu***, adverbe de quantité, et ***peux/peut***, verbe *pouvoir* à l'indicatif présent.

Exemples

1. Peu sûr de lui, ce skieur ne peut prendre un bon départ.
2. Peu sûr de lui, ce skieur ne pouvait prendre un bon départ.
3. Peu sûre de moi, je ne peux prendre un bon départ.

Astuce
Pour savoir s'il s'agit bien du verbe *pouvoir*, mets *peux/peut* à l'imparfait (*pouvais/pouvait*).

Je m'entraîne

1 ★ Recopie les phrases en conjuguant les verbes à l'imparfait.

1. Il peut sortir le dimanche. → ....

....

2. Peu à peu, l'oiseau fait son nid. → ....

....

3. Tu peux ajouter un peu de sel. → ....

....

4. Elle peut progresser en travaillant un peu tous les soirs. → ....

....

2 ★★ Complète les phrases avec peu, peux ou peut.

1. Il devrait arriver sous ....
2. .... à ...., je comprends ce que l'on .... faire pour résoudre ce problème.
3. Ta sœur .... nous rejoindre si elle le souhaite.
4. Je .... t'aider si tu veux !
5. Je .... venir avec vous ?
6. Mon poisson rouge mange très ...., juste un .... d'insectes lyophilisés.
7. .... à ...., la tortue rattrape le lièvre.
8. Tu .... t'inscrire à cette croisière sans crainte, elle est vraiment .... onéreuse.
9. Remettons l'excursion à un .... plus tard, il se .... qu'il pleuve !
10. .... de temps après le départ du capitaine, il se .... que le pilote ait un .... modifié le trajet.

3 ★★ Même exercice.

1. Tu .... nous accompagner au concert ; il se .... qu'il y ait encore des places à vendre sur Internet.
2. Tu as manqué Aaron de .... mais tu .... encore le rattraper !
3. Pourquoi me rends-tu si .... visite ? Tu .... venir un .... plus souvent si tu veux !
4. ....-tu m'indiquer quelle route je .... prendre pour arriver directement à la plage la plus proche ?
5. Capucine est un .... fatiguée ; elle .... nous attendre à la maison.
6. Je .... faire un gâteau mais il reste .... de farine ; ....-tu en acheter ?

Auto évaluation — Très bien ☐ Bien ☐ Pas assez bien ☐

48 Comment employer *qui l'*/*qu'il(s)*

→ Corrigés p. VIII

J'observe et je retiens

■ Il ne faut pas confondre ***qui l'*** (exemples 1 et 2) et ***qu'il*** (exemples 3 et 4).

■ Si l'on peut remplacer ***qu'il*** par ***qu'elle*** : « le film ***qu'elle*** a vu au cinéma », « je ne pense pas ***qu'elle*** retournera au cinéma », alors on peut écrire ***qu'il***.

Exemples

1. Le film qui l'a rendu célèbre passe à la télé ce soir.
   (qui l'a : pronom relatif *qui* + pronom personnel *le* élidé)
2. Je ne trouve pas le programme télé, qui l'a pris ?
   (qui l'a : pronom interrogatif *qui* + pronom personnel *le* élidé)
3. Le film qu'il a vu au cinéma était en trois dimensions.
   (qu'il : pronom relatif *que* élidé + pronom personnel *il*)
4. Je ne pense pas qu'il retournera au cinéma.
   (qu'il : conjonction de subordination *que* élidée + pronom personnel *il*)

Je m'entraîne

1 ★ Remplace qu'il par qu'elle.

1. La tarte qu'il a préparée est succulente. → ....
2. Si tu crois qu'il a nettoyé sa chambre, tu es naïf. → .. ..
3. Nous avons cru qu'il ne jouerait plus après son accident. → ....
4. Le parcours qu'il a prévu vous ravira. → ....

2 ★★ Complète les phrases par qui l' ou qu'il.

1. Les skis .... a choisis sont trop grands, je crois .... n'est pas prudent. – 2. Peux-tu me dire .... a renseigné à mon sujet ? Je pense .... a dit toute la vérité ! – 3. Le tableau .... a vendu n'est pas celui .... a rendu populaire. – 4. Le chien .... a acheté et .... a mordu est un caniche. – 5. Le voyage, ... a épuisé, était trop long ! Pensez-vous .... a suffisamment récupéré ? – 6. La chanson .... a composée sera un succès, le journaliste .... a invité en est persuadé. – 7. L'accident .... a privé de l'usage de ses jambes est survenu alors .... préparait les Jeux olympiques. – 8. Le récit .... a hanté si longtemps est tiré d'une histoire vraie .... nous est interdit de répéter.

3 ★★★ Même exercice.

1. Les livres .... a lus se comptent sur les doigts d'une main. – 2. Il aimerait savoir .... a dénoncé ! – 3. Quand il aura terminé son travail tu lui diras ce .... doit préparer à manger. – 4. Le billet de vingt euros .... a donné est faux ; le vendeur, ... a remarqué, l'a signalé tout de suite. – 5. Son frère, ... a recommandé, est un de nos meilleurs clients. – 6. Il est temps .... arrive. – 7. C'est lui qui a décidé .... ne viendrait pas. – 8. Jérémie a appris .... était retenu pour le casting. – 9. Lorsque nous reviendrons, demande à ton frère ce .... en pense.

Auto évaluation — Très bien ☐ Bien ☐ Pas assez bien ☐

49 Comment employer *ni*/*n'y* – *si*/*ci*/*s'y*

→ Corrigés p. VIII

J'observe et je retiens

- *Ni* est utilisé pour la double négation.
- *N'y* placé devant un verbe indique une négation, *y* est une forme pronominale.

Exemples

1. Le chevalier n'a ni armure ni bouclier.
2. Trouver le Saint-Graal ? Il n'y arrivera pas.

- Ici, *si* est utilisé pour marquer une condition (conjonction de subordination), mais il peut exprimer aussi une affirmation (→ *si* !) ou une intensité (→ *si* rusé qu'on ne peut le vaincre).
- *S'y* correspond à *s'*, pronom personnel réfléchi élidé + *y*, forme pronominale indiquant le lieu.
- Avec un déterminant ou un pronom démonstratif, *-ci* marque la proximité.

Exemples

1. « Si tu veux me vaincre, il te faudra plus de ruse ! » déclare Lancelot à Méléagant.
2. Lancelot se rend chez le fils du roi de Gorre ; il s'y risque sans trembler.
3. Avec ce destrier-ci tu seras invincible ! Avec celui-ci, tu seras invincible.

Je m'entraîne

1 ★ Repère et identifie les homophones ni/n'y – si/s'y/ci.

1. Les chevaliers de la Table ronde n'ont ni crainte ni cruauté. – **2.** Ces chevaliers-ci sont très courageux et tentent de trouver le Graal. – **3.** La forêt de Brocéliande est inquiétante, on n'y trouve pas le repos facilement. – **4.** Si l'armure de Lancelot avait été moins solide, elle aurait pu causer la perte du preux chevalier.

2 ★★ Complète le texte à trous.

1. Perceval, qui n'a plus .... père .... frères, quitte sa mère et rejoint des chevaliers qui le mènent à la cour du roi Arthur. – **2.** Il .... rend dans la ferme intention de vivre de nombreuses aventures. – **3.** Il rencontre Blanchefleur qui devient son amie ; mais .... amoureux soit-il, il repart vers sa mère afin de voir si celle-......... est en bonne santé. – **4.** En chemin, Perceval est reçu au château du roi Pêcheur, il .... sent bien et découvre au cours du repas un spectacle .... étrange qu'il n'ose demander de quoi il s'agit. – **5.** Il s'endort et ne retrouvera le lendemain .... le roi Pêcheur .... les mystérieux occupants.

3 ★★★ Même exercice avec des phrases plus complexes.

1. Élise n'a voulu .... de son vélo .... de sa patinette pour se rendre à la piscine ; elle a préféré y aller à pied. Elle .... rend tous les soirs. – **2.** La photo est .... floue que .... ton oncle .... ta tante ne .... reconnaissent ! – **3.** .... tu penses que tu peux le faire alors .... moi .... ton père ne nous y opposerons. – **4.** Je préfère ce jean .... à celui-là mais .... vois pas malice.

Auto évaluation Très bien ☐ Bien ☐ Pas assez bien ☐

50 Comment employer *mais/mes/m'est/met(s)*

→ Corrigés p. VIII

J'observe et je retiens

- ***Mais*** : conjonction de coordination ; indique une opposition, une restriction, une objection.

 Exemple Il est courageux mais malchanceux.

- ***Mes*** : adjectif possessif ; 1re personne du singulier, plusieurs objets possédés.

 Exemple Rends-moi mes chaussures.

- ***M'est*** : pronom personnel ; 1re personne du singulier + verbe *être*.

 Exemple Ce garçon m'est sympathique.

- ***Met(s)*** : verbe *mettre* au singulier (indicatif ou impératif présent).

 Exemple Je mets tes stylos dans ce tiroir.

Je m'entraîne

1 ★ Souligne les homophones grammaticaux étudiés.

Mes cousins se demandent ce que fait mon voisin. Ils disent que c'est un ogre, mais moi je pense que c'est plutôt un brave homme ! D'ailleurs, il m'est souvent arrivé de le croiser le soir dans la rue et jamais il ne m'a fait peur. C'est vrai qu'il a un énorme nez et une grand barbe rousse mais, dès qu'il parle, il a une voix d'enfant. Je mets souvent des éclairs au chocolat devant sa porte mais il paraît que c'est son chien qui les mange. Il préfère, d'après mes cousins, de bons gros steaks de garçons ou des côtelettes de fillettes. Vraiment, il m'est impossible de songer que ce colosse puisse dévorer mes copains et mes copines. Il m'est plus facile de croire que mes cousins sont des peureux.

2 ★★ Complète les phrases avec mais, mes, m'est ou met(s).

1. Il .... souvent pénible de refuser une promenade à .... enfants. – **2.** Le restaurateur .... un point d'honneur à nous servir du homard. – **3.** Cet acteur ne .... pas inconnu. .... je n'arrive pas à me rappeler son nom. – **4.** .... jambes me font mal. – **5.** Il .... facile de donner des conseils en danse, ... parents sont tous les deux danseurs. – **6.** .... ta main là, sur la table ! – **7.** Je .... des vêtements légers car .... amis m'ont dit qu'il allait faire chaud. – **8.** Ne .... pas tes cahiers sur .... factures, ...-les sur ton bureau.

3 ★★ Complète le texte suivant avec mais, mes, m'est ou met(s).

1. Il .... difficile de ne pas faire ce que tu me demandes .... je n'ai pas le temps maintenant !

2. Je vais te livrer le secret de ma recette, ... ne le répète à personne.

3. .... ton bonnet, il fait froid !

4. .... bottes sont bien chaudes, ... elles ne sont pas imperméables.

Astuces
Tu peux remplacer *m'est* par *t'est* en gardant la phrase correcte et *mais* par *cependant*.

Auto évaluation Très bien ☐ Bien ☐ Pas assez bien ☐

Conjugaisons

La voix active

L'indicatif présent

	Jouer	Chanter
Les verbes en *-er*	Je joue	Je chante
	Tu joues	Tu chantes
	Il joue	Elle chante
	Nous jouons	Nous chantons
	Vous jouez	Vous chantez
	Elles jouent	Ils chantent

Voir aussi page 30.

	Finir
Les verbes en *-ir/-issant*	Je finis
	Tu finis
	Elle finit
	Nous finissons
	Vous finissez
	Ils finissent

Voir aussi page 31.

	Partir	Voir	Perdre	Pouvoir	Craindre
Les autres verbes	Je pars	Je vois	Je perds	Je peux	Je crains
	Tu pars	Tu vois	Tu perds	Tu peux	Tu crains
	Il part	Elle voit	Il perd	Elle peut	Il craint
	Nous partons	Nous voyons	Nous perdons	Nous pouvons	Nous craignons
	Vous partez	Vous voyez	Vous perdez	Vous pouvez	Vous craignez
	Elles partent	Ils voient	Elles perdent	Ils peuvent	Elles craignent

Voir aussi page 31.

L'indicatif passé composé

Terminer	Aller
J'ai terminé	Je suis allé(e)
Tu as terminé	Tu es allé(e)
Il/elle a terminé	Il est allé/elle est allée
Nous avons terminé	Nous sommes allé(e)s
Vous avez terminé	Vous êtes allé(e)s
Ils/elles ont terminé	Ils sont allés/ elles sont allées

Voir aussi page 36.

L'indicatif plus-que-parfait

Terminer	Aller
J'avais terminé	J'étais allé(e)
Tu avais terminé	Tu étais allé(e)
Il/elle avait terminé	Il était allé/elle était allée
Nous avions terminé	Nous étions allé(e)s
Vous aviez terminé	Vous étiez allé(e)s
Ils/elles avaient terminé	Ils étaient allés/ elles étaient allées

Voir aussi page 37.

L'indicatif passé antérieur

Terminer	Aller
J'eus terminé	Je fus allé(e)
Tu eus terminé	Tu fus allé(e)
Il/elle eut terminé	Il fut allé/elle fut allée
Nous eûmes terminé	Nous fûmes allé(e)s
Vous eûtes terminé	Vous fûtes allé(e)s
Ils/elles eurent terminé	Ils furent allés/ elles furent allées

Voir aussi page 37.

La voix passive

		Voix active	Voix passive
Temps simples	Indicatif présent	Il/elle emmène	Il/elle est emmené(e)
	Indicatif futur simple	Il/elle emmènera	Il/elle sera emmené(e)
	Indicatif imparfait	Il/elle emmenait	Il/elle était emmené(e)
	Indicatif passé simple	Il/elle emmena	Il/elle fut emmené(e)
	Conditionnel présent	Il/elle emmènerait	Il/elle serait emmené(e)
	Subjonctif présent	Qu'il/elle emmène	Qu'il/elle soit emmené(e)
Temps composés	Indicatif passé composé	Il/elle a emmené	Il/elle a été emmené(e)
	Indicatif passé antérieur	Il/elle eut emmené	Il/elle eut été emmené(e)
	Indicatif plus-que-parfait	Il/elle avait emmené	Il/elle avait été emmené(e)
	Conditionnel passé	Il/elle aurait emmené	Il/elle aurait été emmené(e)

Voir aussi page 42.

Le conditionnel

Le conditionnel présent

Avoir	Être	Aller
J'aurais	Je serais	J'irais
Tu aurais	Tu serais	Tu irais
Elle aurait	Il serait	Elle irait
Nous aurions	Nous serions	Nous irions
Vous auriez	Vous seriez	Vous iriez
Ils auraient	Elles seraient	Ils iraient

Voir aussi page 38.

Le conditionnel passé

Avoir	Être	Aller
J'aurais eu	J'aurais été	Je serais allé(e)
Tu aurais eu	Tu aurais été	Tu serais allé(e)
Il aurait eu	Elle aurait été	Elle serait allé(e)
Nous aurions eu	Nous aurions été	Nous serions allé(e)s
Vous auriez eu	Vous auriez été	Vous seriez allé(e)s
Elles auraient eu	Ils auraient été	Ils/elles seraient allé(e)s

Le subjonctif présent

Avoir	Être	Aller
Que j'aie	Que je sois	Que j'aille
Que tu aies	Que tu sois	Que tu ailles
Qu'il ait	Qu'elle soit	Qu'il aille
Que nous ayons	Que nous soyons	Que nous allions
Que vous ayez	Que vous soyez	Que vous alliez
Qu'elles aient	Qu'ils soient	Qu'elles aillent

Voir aussi page 40.